T0129766

essentials

essentials liefern aktuelles Wissen in konzentrierter Form. Die Essenz dessen, worauf es als „State-of-the-Art" in der gegenwärtigen Fachdiskussion oder in der Praxis ankommt. *essentials* informieren schnell, unkompliziert und verständlich

- als Einführung in ein aktuelles Thema aus Ihrem Fachgebiet
- als Einstieg in ein für Sie noch unbekanntes Themenfeld
- als Einblick, um zum Thema mitreden zu können

Die Bücher in elektronischer und gedruckter Form bringen das Expertenwissen von Springer-Fachautoren kompakt zur Darstellung. Sie sind besonders für die Nutzung als eBook auf Tablet-PCs, eBook-Readern und Smartphones geeignet. *essentials:* Wissensbausteine aus den Wirtschafts-, Sozial- und Geisteswissenschaften, aus Technik und Naturwissenschaften sowie aus Medizin, Psychologie und Gesundheitsberufen. Von renommierten Autoren aller Springer-Verlagsmarken.

Weitere Bände in der Reihe http://www.springer.com/series/13088

Christian Brabänder

Die Letzte Meile

Definition, Prozess, Kostenrechnung
und Gestaltungsfelder

 Springer Gabler

Christian Brabänder
Regensburg, Deutschland

ISSN 2197-6708   ISSN 2197-6716   (electronic)
essentials
ISBN 978-3-658-29926-2   ISBN 978-3-658-29927-9   (eBook)
https://doi.org/10.1007/978-3-658-29927-9

Die Deutsche Nationalbibliothek verzeichnet diese Publikation in der Deutschen Nationalbiblio-
grafie; detaillierte bibliografische Daten sind im Internet über http://dnb.d-nb.de abrufbar.

Planung/Lektorat: Susanne Kramer
Springer Gabler ist ein Imprint der eingetragenen Gesellschaft Springer Fachmedien Wiesbaden
GmbH und ist ein Teil von Springer Nature.
Die Anschrift der Gesellschaft ist: Abraham-Lincoln-Str. 46, 65189 Wiesbaden, Germany

Was Sie in diesem *essential* finden können

- Definition und Abgrenzung des Begriffs der Letzten Meile
- Klassifizierung von Praxisbeispielen, die als „Letzte-Meile"-Problem charakterisiert werden
- Kostenarten und -schätzungen für die Letzte Meile
- Effekte und Gesetzmäßigkeiten der Kosten von Verteiltouren
- Systematisierung betriebswirtschaftlicher Entscheidungsprobleme auf der Letzten Meile
- Anstöße für die Gestaltungsfelder auf der Letzten Meile

Inhaltsverzeichnis

Über den Autor

Dr. Christian Brabänder hat am Lehrstuhl für Controlling und Logistik an der Universität Regensburg promoviert. Zu seinen Lehr- und Forschungsschwerpunkten zählen Transportlogistik, Distributionssysteme und Bestandsmanagement. Heute ist er im Bereich After Sales & Parts bei der Sennebogen Maschinenfabrik mit Data Analytics und Telemetrieanwendungen betraut.

E-Mail: christian.brabaender@sennebogen.de

Einführung in die Letzte Meile 1

Die Distribution kümmert sich darum, Leistungen beim Kunden verfügbar zu machen. Diese Aufgabe unterscheidet sich bei unterschiedlichen Produkten, Kunden und Kanälen massiv. Auch die Komplexität der Aufgabe ist in unterschiedlichen Szenarien sehr verschieden. Der als „Letzte Meile" bekannte Schritt der Distribution ist dabei mit besonders hoher Komplexität verbunden. Auf der letzten Meile geht es – kurz gesagt – darum, ein Endprodukt dort verfügbar zu machen, wo es in die Hände des Konsumenten kommt. Aber warum gilt die Letzte Meile als so schwierig? Ist das überhaupt eine angemessene Unterstellung? Und rechtfertigt dies das besondere Augenmerk von logistischer Forschung und Praxis auf die Letzte Meile? Das einfache Beispiel „Senf" zerlegt die Distribution in anschaulicher Weise und motiviert, warum es lohnenswert und spannend ist, sich mit der Letzten Meile zu befassen.

1.1 Wie kommt der Senf auf den Tisch?

Der Hersteller Händlmaier aus Regensburg ist ein typisches mittelständiges Unternehmen. Händlmaier produziert traditionell süßen Senf nach Hausmacher Art. Neben seinem Flaggschiff-Produkt werden auch diverse andere Senf- und Saucen-Produkte, wie Mittelscharfer Senf oder Sahnemeerrettich, produziert und in verschiedene Gebinde-Sorten (Glas, Tube, Plastikflasche) und -Größen abgefüllt. Wenn ein Glas Senf auf dem Esstisch des Kunden angekommen ist, hat es einen Weg hinter sich: Die **Distribution.** Welchen Weg nimmt das Glas, nachdem es als Fertigware in der Produktion abgefüllt wurde? Abb. 1.1 stellt die Distribution ab der Produktion bis zum Handels-Zentrallager dar. Die Herstellung produziert stets sortenreine Vollpaletten eines Artikels. Mit einem Artikel ist ein vollwertiges,

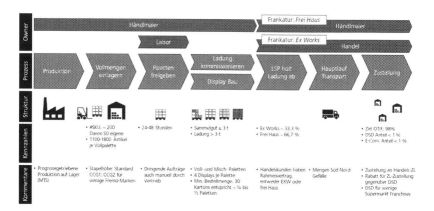

Abb. 1.1 Distribution ab Hersteller bis Handelszentrallager am Beispiel Händlmaier-Senf

verkaufsfähiges Konsumgut gemeint, das hergestellt, abgefüllt, verschlossen, etikettiert, bedruckt ist. Auf jeder **Palette** befinden sich, je nach Verpackungsgröße und Gewicht, zwischen 1100 und 1800 Stück. Eine Vollpalette wird, wie bei vielen Konsumgüter-Herstellern, auf die Packhöhe CCG1 standardisiert, außer bei einigen Fremdmarken, die ausdrücklich CCG2 wünschen[1]. Per Gabelstapler werden die Paletten vor Ort in Händlmaiers Zentrallager verbracht. Das Zentrallager hat 2000 Palettenstellplätze, die im Durchschnitt zu 95 % ausgelastet sind. Eingelagerte Vollpaletten erwarten dort die Freigabe eines von Händlmaier beauftragten Lebensmittel-Labors. Jede Palette ist bis maximal 48 h für diese Analyse gesperrt. Nachdem konkrete Aufträge der Kunden, das heißt vom Einzelhandel, eingehen, werden Ladungen kommissioniert. Aufträge mit weniger als drei Tonnen Gewicht werden dabei in der Regel an Sammelgutspeditionen vergeben. Größere Aufträge werden als Ladungsverkehr an Frachtführer vergeben. Gegebenenfalls werden auch mehr als ein Auftrag als eine Ladung gebündelt, um die knappen Transportkapazitäten bestmöglich auszulasten. In der Kommissionierung werden außerdem Werbedisplays aus Kartonagen zusammengebaut und händisch mit verschiedenen Produkten bestückt. Displays werden für mit dem Handel vereinbarte Sonderaktionen, wie beispielsweise Grillsaucen während großer Fußball-Turniere,

---

[1]CCG1 und CC2 sind standardisierte Ladehöhen für Euro-Paletten, die von der Centrale für Coorganisation (CCG) in Köln definiert wurden. Bei CCG1 wird bis zu einer Höhe von 1050 mm (inkl. der Palette) und bei CCG2 auf 1600–1950 mm beladen.

speziell zusammengestellt. Händlmaier vereinbart mit dem Handel bestimmte Lieferkonditionen, diese enthalten eine **Frankatur** (international: InCoTerm). Händlmaier bietet seinen Kunden meist eine Lieferung „Frei Haus"[2], das heißt bis zum vom Kunden gewünschten Ort auf Händlmaiers Kosten und Risiko. Alternativ wünschen einige Kunden ihren Auftrag „Ex Works" (EXW) transportsicher verpackt abzuholen. Eine Abholung hat den Vorteil, dass Händlmaier nicht für Transportschäden, z. B. Glasbruch beim Einladen auf den Lkw, aufkommen muss. Sie hat aber den Nachteil, dass die Abholung terminlich schlecht planbar ist, Staus an den Lagertoren verursacht und ggf. sogar eine Nachtschicht nötig macht, um die Auslieferung mit den Lagerbewegungen des Handels zu synchronisieren. Die reinen Mehrkosten des Transports können hingegen über den Preis verrechnet werden. Aus Sicht des Abholers ist Händlmaier eventuell nicht der einzige Stopp, an dem Güter eingesammelt werden. Mit Senf, einem sehr schweren Produkt, wird zuerst die Gewichtsrestriktion (typischerweise ca. 20 Tonnen) erreicht, bevor alle Palettenstellplätze (typischerweise 34 Plätze je Lkw) belegt sind. Daher bietet es sich an, noch großvolumige, leichte Produkte, mit gleichen Anforderungen an die Temperaturführung, z. B. Chips oder Toilettenpapier, bei einem anderen Hersteller zuzuladen. Händlmaier selbst unterhält keine Flotte, sodass die Transporte in jedem Fall an fremde Logistikdienstleister (Logistics Service Provider, LSP) vergeben werden. Fertig kommissionierte und verladene Paletten werden dann zum Handels-Zentrallager gefahren und dort eingelagert. Im Falle einer Frei-Haus-Lieferung ist Händlmaier verpflichtet die Qualität der Lieferung sicherzustellen. Das Ziel ist hierbei ein Service-Level hinsichtlich Pünktlichkeit und Vollständigkeit (On-Time-In-Full, OTIF) von 98 % der Aufträge zu erreichen. Die Mehrheit der Auftragsvolumina werden an Zentrallager (ZL) des Handels geliefert, eine direkte Filialbelieferung (Direct Store Delivery, DSD) gewinnt je nach Kunde jedoch an Bedeutung. Die Belieferung an Online-Retailer macht im Bereich Nahrungsmittel noch immer einen sehr geringen Prozentsatz aus.

Der in Abb. 1.1 dargestellte Prozess stellt den Vorlauf (Abholung) und den Hauptlauf (Ladungstransport zwischen den ZL) der Distribution bis zur Zustellung im Handels-ZL dar. Das Management Paradigma dieser Prozessschritte ist, die Stückkosten des Transports durch starke Bündelung und Kapazitätsauslastung günstig zu halten. Die Distribution zwischen Hersteller und Handel ist standardisiert und läuft zwischen vielen Konsumgüter-Herstellern und deren

---

[2]Das entspricht den sogenannten „D"-InCoTerm „Delivered Duty Paid" (DDP) und „Delivered at Place" (DAP).

Handels-Kunden stets gleich, gemäß der vereinbarten Frankatur, ab. Der Grund
ist, dass ein Hersteller wie Händlmaier an einige große und auch hunderte kleine
Händler liefert. Der Handel seinerseits bezieht Konsumgüter von hunderten,
sogar tausenden Herstellern. Folglich gibt es auf beiden Seiten erhebliche
Anstrengungen, sowohl die physischen Warenflüsse als auch die elektronischen
Informationsflüsse harmonisch und transparent zu gestalten. Deshalb ist auch der
abgebildete Prozess von Händlmaier repräsentativ für andere mittelständische
Konsumgüterhersteller.

In Abb. 1.1 fehlt noch der letzte Abschnitt der Distribution: Die Verteilung
filialreiner, heterogener Warenbündel ab Handels-ZL an den Ort des Absatzes
(Point of Sale, PoS) oder den Ort des Verbrauchs (Point of Use, PoU). Dieser
Prozess hat viele mehr oder weniger automatisierte und standardisierte Varianten.
Die Distributionssysteme verschiedener Einzelhändler sind auf der Zulieferseite
(z. B. Händlmaier) sehr vergleichbar. Konsumgüter wie Senf werden in aller
Regel noch konventionell verteilt (Koether 2018, S. 35–38), das heißt über ein
stationäres Netzwerk aus „Brick&Mortar" Filialen[3]. Verschiedene Händler unter-
scheiden sich hinsichtlich Bestandsführung, Sortimentsgestaltung, dem Auffüllen
der Filialen und der Präsentation der Produkte. Was passiert nun also mit dem
Senf, nachdem er das Handels-ZL erreicht? Er kommt auf die Letzte Meile.

Der gesamte Weg, den der Senf bis zum Verkauf in einer Filiale nimmt, ist in
Abb. 1.2 skizziert. Das zugrunde liegende Paradigma ist ein regionaler Vertrieb
für regional verstreute Nachfrage. Die Distributionsstufe 1 entspricht auf einem
abstrakteren Level der Abb. 1.1. Daran schließt sich in der Stufe 2 eine Verteilung
innerhalb des Distributionssystems des Handels an. Diese Stufe kann gegebenenfalls auch übersprungen werden, weil kleinere Händler keine Regionallager (RL)
unterhalten, oder weil diese RL so groß sind, dass sich eine volle Ladung direkt
ab Hersteller an das Regionallager lohnt. Auf der Stufe 3 werden die einzelnen
Filialen mit kleinen Mengen für den Verkauf bestückt. Diese konventionelle Distribution hat stets eine **divergierende Struktur:** Der Senf wird von einem ZL an
mehrere RL verteilt. Die gemeinsam als Ladung transportierten Mengen werden
dabei aufgeteilt. Weil dann das Transportvolumen unrentabel wird, werden die
Händlmaier-Paletten zusammen mit denen anderer Hersteller, die vergleichbare
Anforderungen an den Transport stellen, gebündelt. Beispielsweise wird Senf im

---

[3]Otto et al. (2018) zeigen ein feinmaschiges Netzwerk aus über 40 Regionallagern einer
deutschen Einzelhandelskette, die hunderte Filialen versorgen.

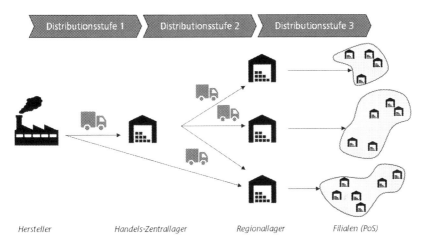

Hersteller   Handels-Zentrallager   Regionallager   Filialen (PoS)

Abb. 1.2 Konventionelle Distributionsstruktur

Trockensortiment ungekühlt transportiert. Daher werden kleine Mengen (wie in der Abholung bei Ex Works) Senf mit anderen Trockengütern gebündelt. Dabei bieten sich wieder leichte Produkte als Ergänzung zum recht schweren Senf an. Im dritten Schritt divergiert die Struktur extrem, weil jedes RL viele Filialen versorgt. Diese Versorgung *(engl. replenishment)* auf der dritten Distributionsstufe setzt zuerst eine kleinteilige, filialreine Kommissionierung voraus. Dabei stellen Kommissionierer eine „Kommission" mit gemischten Paletten zusammen: Neben dem Senf werden jetzt diverse Konsumgüter, z. B. Seife, Wein, Katzenfutter etc. auf derselben Palette gebündelt. In diesem Prozessschritt werden die Kartons, die im Händlmaier ZL auf einer homogenen Palette gebündelt wurden, wieder getrennt. Gebündelte homogene Transportmengen werden aufgeteilt und mit Teilen aus anderen Mengen neu gebündelt: Dieser Punkt im Prozess wird auch **Break-Bulk-Point** (BBP) oder Vereinzelungspunkt genannt (Definition des BBP in Abschn. 2.2). Die gemischten Paletten für die einzelnen Filialen werden auf Verteiltouren an die Rampen der Filialen geliefert. In den Filialen des Einzelhandels werden anschließend die gemischten Paletten wieder zerlegt und die einzelnen Kartons und Displays im Verkaufsraum ausgestellt. Hier kann dann der Kunde seinen einzelnen Händlmaier-Artikel aus dem Karton in die Hand nehmen.

Stufen der Distribution

- Die erste Stufe der Distribution ist stark standardisiert und das Beispiel Händlmaier-Senf lässt sich gut auf andere Konsumgüterhersteller übertragen.
- Die Struktur der Distribution divergiert. Das bedeutet, je näher man dem Kunden kommt, 1) desto stärker wächst die Anzahl der zu versorgenden Standorte und 2) desto kleinteiliger werden die zu transportierenden Mengen aufgebrochen.
- Auf der letzten Stufe der Distribution besteht folglich die Komplexität darin, relativ kleine Sendungen an relativ vielen Standorten zuzustellen, wohingegen auf den vorgelagerten Stufen relativ große Sendungen an wenigen Standorten zuzustellen sind.

1.2   Historische Sicht auf den Begriff der Letzten Meile

Der Begriff „Letzte Meile" hat seinen Ursprung in den Anfängen der verkabelten Telefonie. Als private Haushalte erstmals massenhaft an das Telefonnetz angeschlossen wurden, wurde zuerst eine lokale Verteilerstelle errichtet und angeschlossen. Von der Verteilerstelle wurden Kupferkabel in die Haushalte verlegt und diese angeschlossen. Dieses letzte Verbindungsstück, das einen Haushalt an die Verteilerstelle und somit an das Telefonnetz anschloss, wurde die „Letzte Meile" getauft. Der Begriff ist insofern metaphorisch zu verstehen, dass er eben keine definierte Entfernung, wie etwa eine Meile oder einen Kilometer meint, sondern einen Abschnitt im physischen Kupferkabelnetz, der für einen einzelnen Haushalt spezifisch ist. Diese Charakterisierung unterscheidet Verbindungsabschnitte zwischen Verteilerstellen, welche größere Regionen und damit eine Vielzahl von Anschlüssen verbindet, und Verbindungsabschnitte zwischen der Verteilerstelle und einem Anschluss, die nur zum Erreichen dieses einzelnen unter den vielen Anschlüssen dienen. Das Adjektiv „Letzte" ist metaphorisch, denn es geht um den letzten Bauabschnitt zur Erreichbarkeit. Sieht man denselben Abschnitt als Teil einer Verbindung, so kann dieser genauso gut auch der erste Abschnitt sein, also eine „Erste Meile".

Die Letzte Meile erhielt eine eigene Bezeichnung und besondere Aufmerksamkeit, weil sie mit erheblich mehr Aufwand verbunden war, als die Abschnitte zwischen den Verteilerstellen:

- Bezieht man die Kabellänge auf den einzelnen Anschluss, werden auf diesem Abschnitt die meisten Meter Kabel pro Anschluss verlegt.
- Tiefbauarbeiten zum Verlegen der Kabel werden für jeden Haushalt einzeln nötig anstatt viele Kabel in einem Graben zu bündeln.
- Die Mitarbeit der Hausbewohner ist auf der Letzten Meile nötig, während die anderen Abschnitte relativ einfach in Arbeitsplänen getaktet werden.

Im Laufe der Zeit diffundierte der Begriff in den Sprachgebrauch verschiedener Netze beziehungsweise deren Betreiber: Strom, Wasser und Gasversorger, öffentlicher Nahverkehr, Pflege und medizinische Versorgung, Katastrophenschutz und – Hilfseinsätze, kabellose Informations- und Kommunikationstechnologien und auch die Distributionslogistik. Auch die Sportwissenschaft und das Militär nutzen den Begriff, um den letzten Abschnitt einer Leistung herauszustellen, der mit spezifischen, besonders fordernden Schwierigkeiten verbunden ist und daher als schwierigster oder härtester Abschnitt gilt.

1.3 Objekte der Distribution: Konsumgüter

Über Distribution zu sprechen, benötigt Klarheit hinsichtlich der Distributionsobjekte. Die Prozesse der Distribution unterscheiden sich für unterschiedliche Güter. Typische Kategorien von Gütern differenzieren Input- und Output-Güter, Industrie- und Konsumgüter, Verbrauchs- und Investitionsgüter, Rohstoffe, Halbfertig- und Fertigprodukte, physische und immaterielle Güter oder Real- und Nominalgüter (Thommen und Achleitner 2006, S. 35–36). In diesem *essential* werden physische Konsumgüter als die Distributionsobjekte auf der Letzten Meile diskutiert und andere Güter ausgeschlossen. Die Unterscheidung von Konsum- und Industriegütern besteht in deren Bestimmung: Während Konsumgüter direkt eine Endkundennachfrage bedienen, werden Industriegüter von industriellen Kunden als Inputs ihrer unternehmerischen Leistungserstellung verwendet. Sie bedienen Endkunden lediglich indirekt, weiter stromabwärts der Lieferkette.

Welche Güter werden als Konsumgüter (CG, von engl. *Consumer Goods*) bezeichnet? CG sind oftmals durch einen hohen Grad an Standardisierung,

einen geringen Grad funktionaler Komplexität[4] und geringer Bedienschwierig-
keit gekennzeichnet. CG werden in Schnelldreher (FMCG, von engl. *Fast
Moving Consumer Goods*) und Langsamdreher (SMCG, von engl. *Slow Moving
Consumer Goods*) unterschieden. **FMCG** sind Produkte des täglichen Bedarfs,
wie z. B. Brot, Tiefkühlpizza, Joghurt, Senf, Bier, Tabak, Shampoo, Müllsäcke,
Zeitschriften oder Schnittblumen. FMCG lassen sich in Lebensmittel, Pflege-
produkte, Reinigungsmittel, Genussmittel etc. kategorisieren. Aus Sicht der Distribution sind sich diese Subkategorien hinreichend ähnlich. FMCG werden
mit einer hohen Frequenz gekauft und verbraucht, sie haben folglich eine sehr
kurze Regalliegezeit. Sie sind problemlos qualitativ zu substituieren, z. B. durch
gleichartige Produkte einer konkurrierenden Marke. Die Zahlungsbereitschaft,
die Markenloyalität und das Involvement der Kunden sind gering und folglich
gehen Kunden beim Kauf nur ein geringes Fehlkaufrisiko ein: Selbst wenn es
zum Fehlkauf kommt, wurde wenig Geld eingesetzt und die Kaufentscheidung
lässt sich schnell und einfach beim Wiederkauf ändern (Ahlert 2005, S. 44; Otto
et al. 2018, S. 738). **SMCG** sind dagegen dauerhafte Produkte, die Endkunden
sporadisch, ohne feste Frequenz kaufen, z. B. Großgeräte wie Waschmaschinen,
elektrische Kleingeräte wie Smartphones oder Musikinstrumente. Diese unter-
liegen zwar einer Abnutzung und müssen ggf. auch ersetzt werden, doch haben
sie keinen Verbrauchscharakter an sich. Solche Produkte sind nicht einfach
qualitativ zu ersetzen und haben eine längere Regalliegedauer. Kunden gehen
beim Kauf ein Risiko ein, da sie infolge technischer Komplexität die Qualität
nur oberflächlich prüfen können, aufgrund der Langlebigkeit das Produkt nicht
schnell ersetzen wollen und SMCG außerdem teurer sind als FMCG. Infolge des
Risikos, des finanziellen Investments und der Langlebigkeit ist das Involvement
der Kunden beim Kauf von SMCG deutlich höher als bei FMCG (Ahlert 2005,
S. 44).

Hinsichtlich der Distribution ergibt sich bei CG die grundsätzliche Frage, wie
Sie von der Produktion in die Hände des Endkunden gelangen. Dem Praktiker
ist dabei insbesondere der letzte Abschnitt, die Letzte Meile in die Kundenhände,
eine Herausforderung, die sich von anderen Abschnitten der Distribution unterscheidet. Dies wurde bereits am Senf-Beispiel deutlich: Obwohl die Distribution

---

[4]Beispielsweise hat eine Spülmaschine eine einfache funktionale Komplexität: Sie kann
vielleicht drei verschiedene Waschgänge durchführen, in denen funktional aus dreckigem
Geschirr wieder sauberes wird. Die technische Komplexität hingegen ist mit einer
elektronischen Steuereinheit, einem hydraulischen und einem Heizsystem sehr komplex.

für den Hersteller zunehmend teurer und folglich relevanter wird, können Bündelungseffekte im Transport effizient ausgeschöpft werden, sodass der Anteil der Logistikkosten an den Selbstkosten eines Produkts recht gering bleibt.

1.4 Perspektiven auf die Distributionslogistik

Die Distribution ist ein Überbegriff über mehrere Gestaltungsfelder und Perspektiven auf diese. Sie beschreibt alle Aktivitäten der wirtschaftlichen und physisch-technischen Bewegung von Gütern. In der Literatur lassen sich wenigstens drei betriebswirtschaftliche Disziplinen identifizieren, in denen das Feld der Distribution thematisiert wird und im Fokus der Überlegungen steht:

- Marketing sieht die Distribution als Auswahl und Gestaltung von Absatz-kanälen und die Koordination zwischen jenen Kanälen, mit dem Ziel die räumliche, zeitliche und institutionale Distanz zwischen Herstellern von Produkten und ihren Kunden zu überbrücken.
- Logistik sieht die Distribution als einen generischen Geschäftsprozess[5], der zwischen die produktiven und konsumierenden Prozesse geschaltet wird, indem ein Materialfluss mit dem Ziel Verfügbarkeit herzustellen gestaltet und gesteuert wird.
- SCM sieht die Distribution als ein Teilsystem der gesamten Lieferkette, welches alle Prozesse ausführt, die die Produktion mit dem Einkauf verbinden. Das Ziel ist, die Material-, Informations- und Geldflüsse kettenweiten effizient zu integrieren. Diese Integration bedeutet, kettenweit 1) Transparenz über alle Flüsse und 2) eine kettenweite, gemeinsame Planung zu etablieren.

---

[5]Im Beispiel Händlmaier-Senf zeigt sich, dass der Senf-Hersteller zwei generische Prozesse gestaltet hat: einen Ex Works und einen Frei- Haus- Distributionsprozess.

Die Letzte Meile aus Sicht der Distributionslogistik

2

Es ist schwierig zu definieren, was genau die Letzte Meile überhaupt ist. In Praxis und Wissenschaft existiert ein Potpourri mehr oder weniger ähnlicher Verständnisse des Begriffs. Einige Autoren nutzen den Begriff prominent, ohne ihn selbst zu definieren. Es scheint üblich, davon auszugehen, dass es ein allgemeines Verständnis des Begriffs, seiner Abgrenzung und kontext-spezifischen Anwendung gibt. Viele aktuelle Publikationen verwenden den Begriff im Kontext von E-Commerce und Home Delivery[1] (z. B. Lee und Whang 2001; Chen und Pan 2016). Die Tagespresse fasst die Letzte Meile als ein exklusives Problemfeld von Paketzustellern auf, welches stets pünktlich zu Weihnachten mit denselben Schlagzeilen befeuert wird.

Das folgende Kapitel erarbeitet eine klare Definition, ausgehend von dem Blumenstrauß an Situationen, die in der Praxis als Letzte Meile angesehen werden. Die vorgenommene Klassifizierung ist geeignet, Einzelfälle zu beschreiben, abzugrenzen und gegebenenfalls die entwickelte Definition auch im Einzelfall zu präzisieren.

---

[1]Man kann geteilter Meinung sein, ob diese Anglizismen unnötig sind oder Teil eines sich globalisierenden Sprachgebrauchs, der grenzüberschreitenden Geschäftsmodellen und Megatrends folgt. Ich habe den Eindruck, dass diese Begriffe in der Praxis deutscher Logistikdienstleister alternativlos verinnerlicht sind, sodass mühevolles Strapazieren deutschen Vokabulars nicht für mehr Klarheit, sondern für Irritation sorgen würde.

2.1   Praxisbeispiele

Es erscheint schwierig, eine allgemeine Definition des Begriffs der Letzten Meile an die Wand zu nageln. Daher werden zuerst solche Situationen gesammelt, die man intuitiv als Letzte-Meile-Situation bezeichnen würde. Diese Liste ist keinesfalls vollständig. Sie gibt dennoch einen guten Eindruck vom Variantenreichtum der Letzten Meile und den Gemeinsamkeiten dieser Situationen.

- **Die Letzte Meile als regionale Distribution eines FMCG-Herstellers:** Die Zentralproduktion einer Bäckereikette, wie z. B. Ebner, produziert täglich frische Backwaren. Die Erzeugnisse werden am Ende der Produktion filialrein in standardisierte Euro-Körbe kommissioniert und auf kleine Verteilfahrzeuge geladen. Die eigene Flotte der Bäckerei verteilt die Körbe an die Filialen in der Region.
- **Die Letzte Meile als Lieferdienst kleiner Gastro-Gewerbe:** Kleine, lokale Gastro-Gewerbe, wie z. B. eine Pizzeria, bieten einen regional begrenzten Lieferservice ihrer Gerichte an. Die Pizza wird in standardisierte Thermoboxen verpackt und ein Mitarbeiter, der als Kurier tätig wird, liefert die gerade bestellten Gerichte mittels PKW, Fahrrad oder Scooter bis zur Haustür. Dort übernimmt er auch die Abrechnung und übergibt ggf. Werbematerial. Der Lieferdienst ist für den Kunden in der Regel kostenlos, aber mit einem Mindestumsatz pro Zustellung verbunden.
- **Die Letzte Meile als Nachlauf im Sammelgut-Prozess:** Sammelgutspeditionen kooperieren in Netzwerken, wie z. B. CargoLine. Jedes Mitglied führt die Sammel- und Verteilprozesse (Vorlauf und Nachlauf) in seinem geografisch abgesteckten Servicegebiet durch. Eingesammelte Sendungen werden gebündelt zu einem zentralen Hub gefahren (Hauptlauf), dort nach Empfangsgebieten sortiert und die auszuliefernden Sendungen wieder mit zurückgenommen. Im Nachlauf werden dann alle Sendungen bei den Kunden im Gebiet zugestellt.
- **Die Letzte Meile als Nachlauf im kombinierten Verkehr:** Kombinierter Verkehrt setzt zum Transport einer Ladung verschiedene Verkehrsträger ein. Eine in Deutschland typische Kombination besteht in Straßen- und Schienentransport. Weil die Bahn seit 2000 eine große Zahl von unternehmenseigenen Gleisen kündigte, können diese keine Einzelwagonverkehre mehr durchführen. Stattdessen werden Ladungen auf der Straße zum nächsten Güterterminal gefahren (Vorlauf), dort zu einem Zug vereint, über weite Distanzen auf der Schiene transportiert (Hauptlauf) und am Ziel-Terminal wieder auf die Straße gesetzt. Der Nachlauf auf der Straße vom Güterterminal zu den Zustellpunkten der im Zug vereinten Ladungen ist die Letzte Meile.

- **Die Letzte Meile als City-Logistik:** Ein City LSP betreibt einen Hub im Speckgürtel einer City. Die Idee ist, dass viele Sammelgutspeditionen ihre ins Stadtgebiet adressierten Sendungen am Hub abgeben, sodass die Belieferung in der City stark gebündelt mit weniger Fahrzeugen erfolgen kann (siehe Abschn. 5.6). Der City LSP erreicht auf der Letzten Meile durch die Bündelung der Sendungen von vielen LSP eine bessere Fahrzeugauslastung und kann mehrere Sendungen an dieselbe Adresse gemeinsam zustellen.
- **Die Letzte Meile als die innerbetriebliche Postverteilung:** Große Unternehmen und Behörden, wie z. B. eine Hochschule, haben interne Poststellen, an denen der Brief- und Paketverkehr gebündelt zugestellt wird. Kuriere, Express- und Paket (KEP)-Dienstleister erreichen hier eine extrem hohe Stopp-Produktivität. Die Letzte Meile besteht darin, die Post über den gesamten Firmencampus zu verteilen. Dies wird vom Empfänger selbst übernommen und ist mit besonderen Schwierigkeiten verbunden, weil Büros temporär nicht besetzt sind, die Verteilung zu Fuß erfolgt, sich die Öffnungszeiten von Sekretariaten unterscheiden.
- **Die Letzte Meile als Paketzustellung an der Haustür:** Endkunden bestellen Produkte bei Herstellern oder Händlern. Diese verpacken die Bestellung und übergeben das Paket gebündelt mit vielen anderen einem LSP wie DHL oder Hermes. Dieser bündelt eine große Zahl von Paketen über mehrere sequentielle Transportstrecken in die generelle Richtung ihrer Destination. In einem regionalen Terminal werden die Sendungen dann neu auf ihre Zustelltouren sortiert.
- **Die Letzte Meile als Filialversorgung im Einzelhandel:** Große Einzelhändler, z. B. Rewe, Bauhaus oder dm, mit vielen Filialen bündeln CG von vielen Herstellern in eigenen Regionallagern (RL). Dort werden die Produkte zwischengelagert und mehrmals pro Woche filialrein auf gemischten Euro-Paletten kommissioniert. Die Letzte Meile zwischen RL und Filiale übernimmt entweder ein LSP oder die eigene Flotte des Handels.
- **Die Letzte Meile als Direct Store Delivery (DSD):** DSD ist der Distributionsprozess, bei dem der CG-Hersteller selbst die Filialversorgung des Einzelhandels übernimmt. Das ist ein teures Distributionsmodell (Müller und Klaus 2009; Otto et al. 2018, S. 747). Hersteller, die DSD betreiben, kommissionieren in eigenen RL. Dann bündelt der Hersteller die Bestellung nicht bis zum Handels-Zentrallager, sondern liefert selbst bis ins Regal.
- **Die Letzte Meile als Home Delivery online gekaufter Lebensmittel:** Home Delivery frischer Lebensmittel ist im Status quo in wenigen Metropolregionen Realität, allerdings noch bei keinem großen Anbieter profitabel. Rewe bietet seinen Kunden an, frische Lebensmittel online zu kaufen und sich entweder

in einem Markt zur Abholung vorbereiten zu lassen oder sogar nach Hause liefern zu lassen. Bestellungen werden im regionalen Fulfillment Center[2] kommissioniert und auf Verteilfahrzeuge verladen, die die Bestellungen zum Endkunden fahren.

Diese zehn Beispiele zeigen den Kern und die Gemeinsamkeit aller „Letzte-Meile"-Situationen: Einen **one-to-many-Verteilprozess.** Das bedeutet, dass mehrere Sendungen ab einem gemeinsamen Ort zu einer Tour gebündelt werden und dann vereinzelt nacheinander zugestellt werden. In allen aufgelisteten Beispielen lässt sich ein Vereinzelungspunkt erkennen: Es ist derjenige räumliche und institutionale Punkt, an dem die großen Produktions- oder Transportbündel wieder zerlegt und zum letzten Mal neu sortiert werden. Ab diesem Punkt werden Sendungen nicht mehr in ihre generelle Richtung weitergeleitet, sondern spezifische Verteiltouren mit einem spezifischen Stopp je Sendung geplant. Der logistische Fachterminus für diesen Punkt ist **Break-Bulk Point (BBP)** (Daganzo 1987). Im Distributionsprozess markiert der BBP denjenigen Prozessschritt, bei dem erkennbar ist, dass der vorangehende Abschnitt ein **few-to-few**-Prozess ist, das bedeutet, dass große Sendungsbündel zwischen wenigen Lagern ausgetauscht werden. Daran schließt sich der eben erkannte one-to-many-Prozess an, der als die Letzte Meile zu verstehen ist. In den Beispielen sind dies die zentrale Bäckerei, die Pizzeria, der Empfangsterminal, der City Hub, die Poststelle, das regionale Terminal, das Ziel-Güterterminal, das Handels-RL, das Hersteller-RL und schließlich das Fulfillment Center. Die sehr unterschiedlichen BBP nehmen alle in der Distribution dieselbe Rolle ein.

▶ Der **Break-Bulk Point** (oder Vereinzelungspunkt) ist derjenige räumliche und institutionale Punkt, der den Distributionsprozess in zwei Abschnitte zergliedert: Erstens in einen vorausgehenden „few-to-few"-Abschnitt, in dem alle Sendungen mit der gleichen generellen Richtung zusammen in Bündeln (bulks) abgewickelt werden, und zweitens in einen nachfolgenden „one-to-many"-Abschnitt, in dem alle Sendungen einzeln an ihren spezifischen Empfangsadressen zugestellt werden.

---

[2]Mit viel medialer Aufmerksamkeit hat Rewe, 2018 sein „Food Fulfillment Center 2.0" mit dem Namen „Scarlet One" in Köln eröffnet, siehe z. B. DVZ „Rewe eröffnet E-Food-Lager in Köln", Deutsche Verkehrs-Zeitung vom 28.09.2018.

Der „to-many"-Teil im Verteilprozess sind Zustellpunkte. Das bedeutet, dass es hier zu einem Übergabeprozess kommt: Die Sendung wird an ihren Empfänger übergeben. Das kann der Einzelhändler oder bereits der Endkunde sein. Die Beispiele oben werden alle dadurch charakterisiert, dass es sich in jedem Fall um den Ort handelt, an dem der Endkunde das CG in die Hand nimmt. Koether (2018, S. 39) bemerkt, dass der prinzipielle, zugrunde liegende Prozess auf der Letzten Meile immer derselbe ist, selbst für unterschiedliche Distributionssysteme. Unterschiede bestehen lediglich in der detaillierten Ausgestaltung der einzelnen Prozessschritte.

2.2 Klassifizierung von „Letzte-Meile"-Situationen

Klassifizierung ist eine Methode, mit der eine Menge von alleinstehenden Fällen in eine Beziehung zueinander gestellt werden, indem man diejenigen Merkmale herausarbeitet, die im Kern die Gemeinsamkeiten und Unterschiede der Fälle ausmachen. Das Ergebnis einer Klassifizierung sind trennscharfe Regeln, die geeignet sind, alle betrachteten Fälle eindeutig in MECE- Klassen[3] einzuordnen (Doty und Glick 1994, S. 232). Die Beispiele im vorangegebenen Teilkapitel sollen nun klassifiziert werden. Die essenziellen Merkmale sind a) der auf der Letzten Meile entscheidende Akteur und b) der Typus der Zustellpunkte. Die Merkmalsauswahl wird in den nachfolgenden zwei Unterkapiteln begründet.

2.2.1 Akteure

Auf der Letzten Meile sind entweder der **Hersteller** selbst, oder der vertreibende **Händler,** oder ein im Auftrag von Hersteller oder Handel agierender **LSP** verantwortlich. Wenn der Hersteller oder Händler die Verantwortung trägt, kann er dennoch die reine Ausführung des Transports an einen LSP delegieren. Im Kern steht die essenzielle Frage, wer die Bündelung organisiert und plant, denn die Akteure haben erstens voneinander verschiedene Möglichkeiten Bündelungspotenziale zu heben und zweitens die Zustellung individuell zu gestalten und mit zusätzlichen Services zu erbringen. Bündelung und Servicemerkmale haben eine direkte Kostenwirkung. Je höher die Bündelung und je standardisierter und

---

[3]MECE: Mutually exclusive, collectively exhaustive.

einfacher die Services gestaltet werden, desto geringer sind die Kosten einer Sendung. Andererseits können Erlöse durch umfangreiche und individualisierte Services steigen, denn ein wahrnehmbar besserer Service führt zu mehr Auftragsvolumina und bei einigen Kundengruppen auch zu einer höheren Zahlungsbereitschaft.

In der Praxis werden bei der Bündelung **Quellgebietsbündelung** und **Zielgebietsbündelung** unterschieden. Diese Unterscheidung ist hier wichtig, weil derjenige Akteur, der im Zielgebiet am effizientesten bündeln kann, auch die Letzte Meile am kostengünstigsten erbringen kann (Abb. 2.1).

Hersteller haben grundsätzlich ein recht geringes Bündelungspotenzial, das sich ausschließlich auf die Zustellung im Zielgebiet bezieht. Daher gibt es auch sehr wenige Hersteller, die auf der Letzten Meile selbst tätig werden. Große Hersteller, die sehr große Volumina absetzen, können dennoch ihre eigenen Produktgruppen zu markenreinen Sammelgutsendungen bündeln und so eine effiziente Versorgung von Zustellpunkten erreichen. Kleinere Hersteller können lediglich solche Kunden, die geografisch nah beieinander liegen in Touren bündeln oder in Allianzen („club pooling", Rouquet und Vauché 2015) kooperieren. Letzteres sieht man in Deutschland am Beispiel von

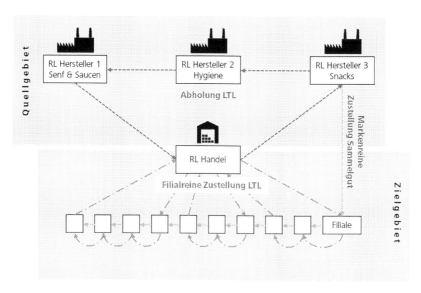

Abb. 2.1 Quellgebietsbündelung und Zielgebietsbündelung

Winzer-Genossenschaften, in denen jeder Winzer selbstständig produziert, Vertrieb und Distribution aber von der Genossenschaft gemacht werden. Praktisch heißt das, dass ein voller Lkw ab Hersteller RL viele Zustellpunkte, z. B. Filialen und Automaten, beliefert. Die Zustellung an Automaten hat in Deutschland nur eine geringe Bedeutung, in anderen Regionen, z. B. Südkorea und Japan, hat dieser Kanal große Bedeutung.

Der **Handel** hat ein größeres Bündelungspotenzial, indem er Produkte vieler Hersteller in der Abholung im Quellgebiet bündelt. Diese Quellgebietsbündelung komplett verschiedenartiger CG, die komplementär zueinander passende Anforderungen an die Logistik haben, bietet große Kostensenkungspotenziale. Zum Beispiel werden schwere Senf-Gläser zusammen mit leichten Kartoffelchips-Tüten in einer Tour „Ex Works" abgeholt, weil dadurch die Gewichts- und Volumenkapazität der Lieferfahrzeuge besser ausgenutzt werden kann. Die Filialen des **Einzelhandels** werden dann ab Handels-RL nicht nur mit einer Marke beliefert, sondern mit einer Teilladung aus filialrein kommissionierten Artikeln von hunderten Herstellern. Im Gegensatz zu anderen Akteuren kann der Einzelhandel im Zielgebiet leere Transportkapazitäten noch füllen und nutzen, weil er selbst für die Transportlose verantwortlich ist. Dieses intelligente Auffüllen der Kapazitäten erzeugt künstliche Effizienzgewinne. Die Auswahl der so zu überliefernden Produkte kann unterschiedliche Ziele haben, z. B. werthaltige Produkte bevorzugt zu überliefern. Jafari et al. (2016, S. 454) berichten, dass der Discounter Lidl Aktionsware spekulativ in die Filialen verteilt, zusammen mit dem regulären Sortiment, um die eigentlich leeren Transportkapazitäten auszunutzen. Großhändler als Intermediäre existieren, weil weder kleine Einzelhändler noch Hersteller diese Bündelungseffekte ausnutzen können. Das starke Wachstum von Discountern und Supermärkten und die Etablierung von Mehrkammer-Fahrzeugen haben FMCG-Großhändlern im deutschen Markt den Garaus gemacht. Allerdings gibt es z. B. bei Kfz-Ersatzteilen noch Großhändler, z. B. Stahlgruber, die Teile vieler Hersteller bündeln und kleine Kfz-Werkstätten in Verteiltouren bündeln können.

Logistikdienstleister haben in vielen Fällen das größte Bündelungspotenzial. Sie können die Bündelungsansätze von Herstellern und Handel miteinander vereinen, indem Produkte von vielen Herstellern an viele Zustellpunkte (ggf. des Handels) distribuiert werden. Die Anzahl der Versender, der Sendungen und der Empfänger ist sehr groß im Netzwerk eines LSP. Die Abholprozesse im Quellgebiet, die Umschlagsprozesse im RL können dupliziert und skaliert werden, im Zielgebiet auf der Letzten Meile können noch dichtere Touren mit einer besonders hohen

Auslastung gefahren werden. Der LSP kann im Zielgebiet auf einem Tour-Level viele unterschiedliche Zustellpunkte und auf einem Stopp-Level verschiedene Sendungen von verschiedenen Absendern bündeln („district pooling", Rouquet und Vauché 2015).

2.2.2 Zustellpunkte

Zustellpunkte sind im Distributionsprozess diejenigen institutionalen und räumlichen Punkte, an denen Sendungen physisch in die Hände der Kunden übergeben werden. Die Zustellpunkte der Letzten Meile sind also Punkte, an denen der Endkonsument ein nachgefragtes CG physisch erhält. Es haben sich verschiedene Typen von Zustellpunkten entwickelt. Es gibt die konventionellen Filialen, in denen CG direkt im Regal verfügbar gemacht werden, und es gibt die Heimlieferung an die Haustür des Endkunden. Jüngst hat sich, ermöglicht durch die Etablierung von E-Commerce[4], ein graduelles Spektrum an Zwischenlösungen entwickelt. Diese bestehen in Abholpunkten, die räumlich zwischen Filiale und Haustüre anzuordnen sind. Diese drei Typen (Filiale, Abholpunkt, Haustüre) unterscheiden sich insbesondere hinsichtlich der Involvierung des Kunden in den Prozess. Das bedeutet, wie umfangreich die Aufgaben sind, die der Endkunde selbst übernimmt.

1. **Konventioneller,** stationärer Einzelhandel in Filialen dominiert die Distribution von FMCG. Beispielsweise werden 99 % des Umsatzes der Drogeriekette dm konventionell erzielt. Der Vorteil ist die extrem hohe Bündelungsfähigkeit in Filialen und die geringen Kosten je Stück: Verschiedene Produkte von vielen Herstellern werden gebündelt ins Regal gebracht. Ab hier übernimmt dann der Kunde selbst logistische Aufgaben im Warenkorb: Produktauswahl, Kommissionierung, Verpackung und Transport zum Point of Use. Kunden sind also hochgradig involviert und der Zustellpunkt liegt relativ nah am Hersteller und fern von der Haustür des Kunden (Schögel 2012; Otto et al. 2018; Kuhn et al. 2018). Bei der Filialbelieferung

---

[4]Dieser Trend wird auch „Amazonisierung" (Hotz und Fost 2016; Stüber et al. 2018) genannt und wird später in Abschn. 2.4.1 genauer diskutiert.

können graduelle Unterschiede bei sehr großen Filialen (engl. *Big box*) und kleineren Filialen unterschieden werden. Der Unterschied besteht darin, ob eine Tour überhaupt mehr als einen Stopp enthält. Der Nachschub für Big-Box-Filialen ist in der Regel so groß, dass der ganze Lieferwagen davon beansprucht wird, wenn mehrere Produktgruppen gebündelt werden können.

2. **Heimlieferung** dominiert den Online-Handel mit Vorreitern wie Amazon und Zalando. Während der Kunde im konventionellen Einzelhandel noch physisch präsent sein muss, ist diese Notwendigkeit nun aufgehoben. Kunden können jederzeit (ohne Ladenöffnungszeiten) und überall (mobil) eine Bestellung aufgeben und diese wird bis an die Haustür geliefert. Der Kunde ist auf der Letzten Meile nicht involviert, der ausführende Akteur macht alle logistischen Aufgaben.

3. **Abholpunkte,** als eine Lösung zwischen Filiale und Heimlieferung, versuchen die wahrgenommenen Vorteile der beiden Kanäle kostengünstig zu vereinen. „Click&Collect" und „Click&Reserve" sind anzutreffende Bezeichnungen für diese Zustelloption (Kuhn et al. 2018). Typische Abholpunkte können Convenient Stores (z. B. 7. Eleven, Larke et al. 2018), Paket-Stationen (z. B. DHL, Vakulenko et al. 2018) oder private Paket-Boxen auf Privat- oder Firmengrund (z. B. Night Star Express, Brabänder 2018a) sein. Die Involvierung der Kunden und der Service-Umfang sind graduell zwischen Filiale und Heimlieferung anzusiedeln.

Abb. 2.2 zeigt, wie diese graduellen Typ-Unterschiede zu verstehen sind. Je größer die Distanz zwischen Zustellpunkt und Haustür ist, desto umfangreicher ist die logistische Aktivität der Kunden selbst. Beginnend ab dem BBP ist es recht einfach wenige Filialen mit CG zu versorgen. Je weiter sich die Letzte Meile zum Kunden ausdehnt, desto größer ist die Anzahl der Zustellpunkte und desto kleiner ist das zugestellte Volumen je Punkt. Das Volumen je Zustelltour variiert auch abhängig vom Akteur: Kleine und mittlere Hersteller schaffen es nicht, eine Tour „voll zu machen", weil sie zu wenige Produkte an zu wenige Kunden versenden. Da sie es so nicht schaffen, die Letzte Meile effizient zu bewirtschaften, geben sie die Verantwortung an einen LSP ab. Aus Kostensicht folgt daraus, dass die Zustellkosten je Stück stark steigen, je näher der Zustellpunkt an der Haustür des Kunden liegt. Die Transportkosten als Anteil der Stückkosten (oder des Umsatzes des LSP) sind daher bei Filialbelieferung am kleinsten, bei Heimbelieferung am größten. Das Problem der „Letzte-Meile"- Kosten wird im

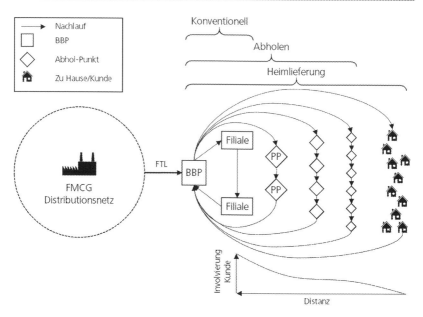

Abb. 2.2 Typen von Zustellpunkten auf der Letzten Meile

nächsten Kapitel tiefer behandelt. Jenen hohen Heimliefer-Kosten stehen mögliche Erlöse aus Versand-Pauschalen oder Premium-Preisen gegenüber. Oliver Wyman (2019) prognostiziert, dass KEP-Dienstleister in den kommenden Jahren Premium-Zuschläge für die Lieferung an die Haustüre erheben werden und sich die Zustellung an Abholpunkten als Standard etablieren wird.

2.2.3 Ergebnis der Klassifizierung

Tab. 2.1 klassifiziert „Letzte-Meile"-Situationen anhand der vorgestellten Dimensionen der Akteure und der Zustellpunkte. Die kursiv gedruckten Unternehmen sind als Beispiele zu verstehen, die der Orientierung und Wiedererkennung dienen. Im weiteren Verlauf haben sie keine besondere Relevanz. Die zehn Beispiele aus dem vorangegangenen Teilkapitel sind in der Tabelle eingeordnet. Die Bewertungen unten und rechts sind Schätzungen des Autors und sind so zu lesen: + bedeutet groß/hoch, – bedeutet klein/gering und ∓ bedeutet fallspezifisch.

Tab. 2.1 Klassifizierung von „Letzte- Meile"-Situationen

Zustellpunkte		Akteur			Anzahl der Stopps je Zustelltour	Zustellkosten als % des Sendungswerts / des LSP-Umsatzes	Involvierung des Endkunden
		Hersteller	**LSP**	**Händler**			
B2B	Big Box	*Coca Cola** [9]	*KV Nagel* [4]	*Carrefour*[b] [8]	- -	- -	+ + +
	Kleine Filialen[c]	*Ebner* [1]	*Cargoline NSE* [3€ 66]	*Lidl Stahlgruber*	-/+	-/+	+ +
B2C	Abholpunkte		*DHL Paket-Box Gaol Collect* [5] *Deliverytero Post, Hermes* [7]	*Rewe to go Amazon Fresh* [10]	-/+	-/+	+
	Heimlieferung	*Pizza Lieferdienst* [2]			+ + +	+ + +	- -
Bündelungspotenzial		-	+ +	+			
Rolles des ausführenden LSP		Operator, Mediator	Netzwerkplaner Integrator, Operator	Operator, Bevollmächtigter			

Beispiel

[a] Müller und Klaus (2009) berichten über DSD und führen Coca Cola als Beispiel eines FMCG Herstellers an, der die Filialbelieferung umfassend anwendet

[b] Rouquet und Vauché (2015) berichten, dass Carrefour „Collaborative Consolidation Centers" (CCC) betreibt, in denen Hersteller ihre Fertigwarenbestände konsolidieren, die für den Verkauf bei Carrefour designiert sind

[c] Kleine Geschäfte und Filialen sind alle Arten lokaler Filialen. Das umfasst auch Apotheken, Werkstätten, Tante-Emma-Läden, Tank-stellen und Lebensmittelgeschäfte wie Bäckerei und Metzgerei

2.3   Definition

Mithilfe der klassifizierten Praxisbeispiele und ihren Gemeinsamkeiten wird nun eine allgemeine Definition des Begriffs „Letzte Meile" entwickelt. Er bezeichnet den letzten Abschnitt der physischen Lieferkette. An einem BBP werden Produktions- und Transportlose aufgebrochen und neu zu Verteiltouren zusammengestellt. Die Zuordnung von Sendungen auf Touren erfolgt anhand der spezifischen Zieladresse jeder Sendung. Die große Anzahl und die spezifischen Eigenschaften (Adresse, Erreichbarkeit, Anwesenheit, Zeitfenster, Ladehilfsmittel) der Zustellpunkte treiben die Komplexität der Letzten Meile. Die verschiedenen Zustellpunkte können Filialen, Abholpunkte oder die Haustür des Endkunden sein. Die Letzte Meile wird hier definiert:

➤ Die **Letzte Meile** ist die institutionale, geografische und zeitliche Distanz zwischen dem Break-Bulk-Point und den vielen Zustellpunkten in One-to-Many-Verteilprozessen.

Diese Distanz zwischen BBP und den Zustellpunkten hat drei Dimensionen:

• Die geografische Distanz wird durch **Transportprozesse** überbrückt.
• Die institutionale Distanz zwischen dem auf der Letzten Meile agierenden Akteur und dem Endkunden wird durch einen **Übergabeprozess** überbrückt.
• Die zeitliche Distanz zwischen der Verfügbarkeit am BBP und der Verfügbarkeit für den Endkunden wird durch die **Konsolidierung,** die im BBP ausgeführt wird, mit den Teilprozessen Zwischenlagerung, Auslagerung (engl. *Picking*), Verpackung, Tourbildung und Ladung überbrückt.

Das „Letzte-Meile"-Problem wird über die drei sequentiellen Teilprobleme der Letzten Meile definiert: Konsolidierung, Transport und Übergabe.

➤ Definition

Das **„Letzte-Meile"-Problem** der Distribution ist die logistische Gestaltung der Konsolidierungs-, Transport-, und Übergabeprozesse zur Überbrückung der Letzten Meile. Die Teilprobleme bestehen in:

a) der Gestaltung der Teilprozesse der Konsolidierung im BBP,
b) der Gestaltung der One-to-Many-Transportprozesse,
c) der Gestaltung der Übergabeprozesse an den Zustellpunkten.

2.4 Grundprobleme der Letzten Meile

Es scheint allgemeine Zustimmung zu geben, dass es sehr schwierig ist, auf der Letzten Meile zu operieren und effizient zu wirtschaften. Es ist lehrreich, die Gründe und Treiber dieser Schwierigkeit zu sammeln. Einige wurden bereits angesprochen. Zusammenfassend sind die essenziellen Themen: Die Letzte Meile ist teuer und „dreckig". Unter den Beteiligten besteht Einigkeit, dass niemand für die Kosten und den Dreck verantwortlich sein will und diese deshalb fair auf Versender, Sendungen und Empfänger zu schlüsseln sind.

2.4.1 Kosten

Die Letzte Meile ist der teuerste Abschnitt der Distribution, weil durch die Vereinzelung der Sendungen an den Stopps eine geringere Produktivität je Stopp und je Tour als in Abholung und Hauptlauf resultiert. Das hat erstens systematische Gründe, die zu analysieren sind, zweitens Probleme die spezifisch im Übergabeprozess an den Zustellpunkten auftreten können und drittens verschärfen Konsumtrends diese Gründe.

Die nachfolgende Beispielrechnung bricht die **Transportkosten** dreier Sendungstypen systematisch in die Kosten der Abholung, des Hauptlaufs der Letzten Meile auf. Ziel ist es zu zeigen, dass die Letzte Meile erstens strukturell teurer ist als Abholung und Hauptlauf und zweitens, zu zeigen, bei welchem Sendungstyp dies besonders ausgeprägt ist. In allen drei Beispielen wird von einem beauftragten LSP ausgegangen. Abb. 2.3 visualisiert die typischen Distributionsprozesse der jeweiligen Sendungstypen und Tab. 2.2 stellt die Annahmen und Kosten gegenüber. Zuerst wird eine 350 kg-Sendung, die den in Abb. 2.3a dargestellten typischen Transportprozess durchläuft, kalkuliert. Diese wird in einem offenen LSP-Netz als Sammelgut gefahren. Es gibt in Sammelgut-Netzen deutlich weniger Versender als Empfänger und die wenigen

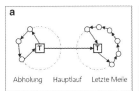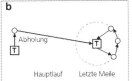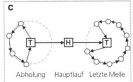

Abb. 2.3 Beispiele für Frachtkosten-Kalkulation der Distribution

Tab. 2.2 Kalkulationsbeispiele Transportkosten

Annahmen	Einheit	(a) Stückgut		(b) LTL Sendung		(c) Paketsendung	
Gewicht	kg	350		5000		10	
Hauptlaufdistanz	km	350		500		600	
Distanz zwischen Terminal und Stopp	km	35		35		50	
Stopp-Faktor Abholung	Sdg/Stopp	3		3		20	
Stopp-Faktor Zustellpunkt	Sdg/Stopp	1,2		1,2		1,2	
Hauptlauf Tonnage	kg	10.000		15.000		1500	
Hauptlauf Paletten	#	34		30		Nicht palettiert	
Transportkosten							
Hauptlauf	EUR/Lkw	404,51		674,63		339,12	
	EUR/kg	0,04		0,03		0,23	
	EUR/ Sendung	14,16	31 %	168,66	73 %	2,26	15 %
Abholung (Vorlauf)	EUR/ Sendung	9,75	21 %	–	–	1,12	8 %
Letzte Meile (Nachlauf)	EUR/ Sendung	21,46	**47 %**	62,62	**27 %**	11,51	**77 %**
Frachtkosten	EUR/ Sendung	45,37	100 %	231,28	100 %	14,89	100 %

Versender speisen hohe Tonnagen in das Netz ein, die dann an die vielen Empfänger distribuiert werden. Daher wird angenommen, dass der mittlere Stopp-Faktor[5] in der Abholung 3 und in der Zustellung 1,2 beträgt.

Der zweite Typ ist eine große Sendung mit 5 Tonnen und durchläuft den in Abb. 2.3b dargestellten Prozess. Der LSP holt beim Hersteller drei gleichartige Teilladungen ab, die an Kunden in einem regionalen Zielgebiet verteilt werden. Alle drei Teilladungen haben dieselbe generelle Richtung, beispielsweise bestellt Händlmaier einen LSP, der Senf im Zentrallager in Regensburg abholt und zu drei RL des Einzelhandels im Speckgürtel von Berlin fährt. Die Teilladungen fahren gemeinsam den langen Hauptlauf und werden dann an drei nahegelegenen

---

[5]Der Stopp-Faktor ist die Anzahl der abgeholten/zugestellten Sendungen je Stopp.

Zustellpunkten übergeben. In der Beispielrechnung wird das Terminal im Zielgebiet berücksichtigt, um die Kosten der Letzten Meile vom Hauptlauf trennen
zu können[6]. Der dritte Typ nimmt den in Abb. 2.3c dargestellten Hub&Spoke-
Prozess mit einem zweigeteilten Hauptlauf. Die Sendungen in einem solchen
Prozess sind tendenziell kleine Paketsendungen, daher wird angenommen, dass
eine Sendung runde 10 kg wiegt. Der Stopp-Faktor in der Abholung ist sehr hoch
und in der Zustellung nahe 1.

Die Kosten der Letzten Meile werden in der vorletzten Zeile aufgelistet. Im
Fall des angenommenen Stückguts machen sie fast die Hälfte der Transport-
kosten je Sendung aus. Weniger dramatisch ist der Fall bei der LTL-Sendung.
Hier verursacht die Letzte Meile knapp über ein Viertel der Transportkosten.
Bezieht man diesen Anteil jedoch auf einen km, so zeigt sich, dass ein km auf der
Letzten Meile mehr als fünf Mal teurer ist als ein km im Hauptlauf. Dies ist nicht
pauschal zu sehen, sondern als spezifisches Rechenbeispiel. Im dritten Fall des
Paketguts fallen sogar mehr als drei Viertel der Transportkosten auf der Letzten
Meile an. Hier sind besonders viele Zustellpunkte auf einer Tour und im Mittel
werden nur 12 kg je Stopp zugestellt. Die Stopp-Produktivität ist daher sehr klein.

Für die Kalkulation in Tab. 2.2 wurde angenommen, dass der Übergabeprozess an jedem Zustellpunkt homogen sei und keiner Unsicherheit unterliege.
Das ist in der Realität sehr selten richtig. Es gibt mannigfaltige, wiederkehrende,
Zustellpunkt-spezifische Hindernisse, welche die Übergabe schwierig
machen. Folglich sind auch Stopps mit gleichem Stopp-Faktor tatsächlich
sehr heterogen: An einem Stopp kann der Fahrer auf einem Kundenparkplatz
parken und eine standardisiert verpackte Sendung nur wenige Meter weiter
einem Kunden oder Mitarbeiter übergeben. An einem anderen Stopp findet der
Fahrer erst keinen Parkplatz, muss dann die Sendung über viele Meter tragen,
sucht dann die richtige Klingel, um dann festzustellen, dass der Mitarbeiter an
der Rezeption gerade ein Kundengespräch führt und die Sendung gerade nicht
annehmen und quittieren kann. Zustellpunkt-spezifische Probleme können z. B.
Straßenbedingungen und Regulierungen, Zeitfenster wie Ladenöffnungszeiten,
fehlende Rampen, Ladehilfsmittel und die Abwesenheit oder Nicht-Verfügbarkeit

---

[6]Daganzo (1987) argumentiert, dass es kein Empfangs-Terminal in dieser einfachen One-
to-Many-Situation braucht. Der LKW kann einfach einen Stopp nach dem anderen im Zielgebiet anfahren. Dennoch wird dieses Terminal hier virtuell dargestellt, zum Zweck der
Aufschlüsselung der Transportkosten. Der BBP ist dann ebenfalls ein virtueller Punkt, ab
dem die Teilladungen nicht mehr als Bulk gemeinsam auf dem Hauptlauf gefahren werden.

von Empfängern, Zugangsbeschränkungen, (temporäre) Barrieren wie Wendeltreppen oder Baustellen sein. Die Arbeitszeit für Aktivitäten wie Warten, Suchen, Ladungssicherung, Hilfestellung bei Empfängern, Rückfragen, Verstauen und Quittieren verschlechtern dann die Tour-Produktivität. Die Transportkosten je Sendung steigen dadurch, weil Fahrer mehr Zeit mit der Überwindung dieser letzten Hindernisse bei der Übergabe verbringen anstatt zu fahren.

Neben den strukturell hohen Kosten der Letzten Meile und den Zustellpunkt-spezifischen Problemen gibt es auch makroökonomische **Konsumtrends,** die verschärfend auf die Treiber der Transportkosten einwirken.

Die **Sendungsstruktur** auf der Letzten Meile ist **atomisiert.** Der deutsche KEP-Markt wächst kontinuierlich bei aktuell jährlich 3,35 Mrd. Paketen (Bundesverbandes Paket und Expresslogistik e. V. 2018). Prognostiziert wird ein weiteres Wachstum auf 9 Mrd. Pakete bis 2028 (Oliver Wyman 2019). Einerseits ermöglicht ein großes, steigendes Volumen zunehmend dichtere Touren mit immer kürzeren Wegen zwischen zwei Zustellpunkten. Anderseits schrumpft die durchschnittliche Sendung von Jahr zu Jahr. Otto et al. (2018, S. 743) zeigen, dass die typische FMCG-Sendungsstruktur von der großen Zahl sehr kleiner Sendungen dominiert wird. Auch am Beispiel Amazon zeigt sich, dass die mittlere Anzahl Produkte je Paket von Jahr zu Jahr schrumpft. Im Jahr 2004 beinhaltete ein Amazon-Paket noch 1,76 Produkte und im Jahr 2017 nur noch 1,33, wobei Amazon-Prime-Kunden noch etwas darunter liegen (Stüber et al. 2018). Die Effekte dieser Atomisierung sind, dass der Wert je Sendung sinkt und folglich die Transportkosten als Prozentsatz der Stückkosten zunehmen. Auf der Erlösseite steht dem aber eine sinkende Zahlungsbereitschaft der Endkunden gegenüber, welche sich in Deutschland an versandkostenfreies Bestellen gewöhnt haben.

Die **Schwankung der Tonnage** weist sich wiederholende Muster auf. Erstens gibt es einen Jahrestrend mit einer starken Amplitude im Weihnachtsgeschäft und zweitens gibt es einen Wochentrend mit einer Amplitude am Montag. Oliver Wyman (2019) begründet den Wochentrend mit erhöhten online Bestellungen am Wochenende. Da die Ladenöffnungszeiten gesetzlich geregelt sind, dürfen die meisten Einzelhändler sonntags nicht öffnen, sodass jeweils am Samstagabend der Filialbestand klein ist und am Montag wieder nachgeschoben wird. Jegliche Form von Schwankung in der Transporttonnage ist aus Kostensicht schlecht, weil Kapazitäten viel langsamer hoch- und runtergefahren werden können als es die Nachfrageschwankung vorgibt. Das führt zu Überlast im System, welche teuer durch Überstunden und sogenannte „Springer" aufgefangen wird, und zu Unterlast, also schlechter Auslastung und Leerkosten.

Mobilität der Kunden führt dazu, dass Empfänger bei der Zustellung abwesend sind, was die Produktivität einer Tour reduziert. KEP-Dienstleister versuchen das Problem mit vielen Prozessinnovationen in den Griff zu bekommen, indem eine quittungslose Zustellung oder die Belieferung von mobilen Kunden ermöglicht wird. Abholpunkte sind eine Lösungsmöglichkeit für das Abwesenheits-Problem, denn sie heben räumliche und zeitliche Beschränkungen (teils) auf, sodass mobile Kunden Sendungen flexibler annehmen können. Allerdings tragen aktuell Paket-Stationen nur 3 % und Post-Filialen 10 % des Paketvolumens (Bundes-verbandes Paket und Expresslogistik e. V. 2018). Da Abholpunkte größere Stopp-Faktoren als Zustellpunkte in der Heimlieferung haben, ist dies eine offen-sichtliche Alternative. Es scheint, dass es schwerer ist, dies in Deutschland zu etablieren als in anderen Ländern. Grund ist, dass Deutschland traditionell ein sehr gutes Paket-Netzwerk hat. In anderen Ländern, wie z. B. Schweden, ist es einfacher, Prozessinnovationen zu etablieren, da diese nicht in Konkurrenz zu einem etablierten Postnetz treten.

Die **Verdichtung** von Lebensraum in Megastädten wird unter dem Stich-wort Urbanisierung zusammengefasst. Während Gebiete mit einer geringen bis mittleren Dichte strukturell keine Grundlage für hochfrequente Belieferungen darstellen, bieten sich verdichtende Gebiete wie München oder der Ruhrpott auch neuen Spielern auf der Letzten Meile Möglichkeiten (Schröder et al. 2018), die Zustellung in wenigen Stunden anzubieten. Die Netze der etablierten LSP sind dafür (noch) nicht ausgelegt.

Versandhändler, insbesondere Amazon, und große Stückgut-Speditionen mit extrem großen Volumina und eigenen Flotten betreiben ein **„Rosinen-Picken"** (engl. *cherry picking*) bei den guten Sendungen und Zielgebieten. Dieses Outsourcing-Problem besteht insbesondere aus Sicht von KEP-Dienstleistern. Das bedeutet, dass die große Anzahl an Sendungen zweigeteilt wird in einen Teil „guter" Sendungen, bei denen der Händler bzw. Spediteur selbst eintritt und einen Teil „Schrott" Sendungen, die an KEP-Dienstleister fremdvergeben werden. „Schrott"-Sendungen sind solche, die nicht harmonisch in die restliche Sendungsstruktur passen und so keine Skaleneffekte und Fixkostendegression erlauben. Das sind insbesondere geografisch vereinzelte Adressen mit sehr kleinen Stopp-Faktoren, aber auch anspruchsvolle Sendungen wie Fensterscheiben, termin-lich unpassende Zeitfenster, logistisch ungünstige Volumen/Gewichts Proportionen, z. B. extrem schwere Paletten, die keine volle Ausnutzung der Stellplätze im Fahr-zeug erlauben, Kunden in schwierig anzufahrenden Regionen wie Altstädten, Gefahrgut, das nicht mit anderen Produkten gemeinsam fahren darf usw.

Die **„Amazonisierung"** (Hotz und Fost 2016; Stüber et al. 2018) ist ein Kunst-wort und meint, dass das, was Amazon progressiv vorgibt, der quasi-Standard im

E-Commerce ist, weil sich die Kunden am Marktführer orientieren und an die Service-Qualität gewöhnen. Amazonisierung umfasst innovative Lösungen, die auf Kundenbedürfnisse fein abgestimmt werden. Beispielsweise experimentiert Amazon mit eigenen Abholstationen und Türschlössern, die es möglich machen, dass Zusteller Privaträume der Kunden betreten können, um eine Zustellung in Abwesenheit durchzuführen. Geo-Tracking-Technologie ermöglicht die „quittungslose Zustellung", die bisher nur wenig und ausschließlich im B2B, z. B. in der Nachtzustellung von Kfz-Ersatzteilen, Anwendung fand. Als innovative Transportmittel werden Drohnen, Fahrräder, Taxis und die sogenannte „Crowd Delivery" getestet, befinden sich aber noch nicht in der Reife für die Fläche. Der Trend Amazonisierung zwingt andere Dienstleister sich anzupassen. Während in der Vergangenheit ein Versandhändler alle Sendungen zu einem ausgewählten Vertragspartner gegeben hat, haben Kunden in Zukunft die Auswahl zwischen verschiedenen, differenzierten LSP. Wie Fuller et al. (1993) bereits anmerkten, besteht ein Angebot aus dem verkauften Produkt und den Services darum herum. Wenn ein Produkt über verschiedene Kanäle verfügbar ist, wird der Kunde den Kanal mit dem passenden Service und Preis wählen. Kunden bekommen also mehr Macht. Die Service-orientierten Kriterien für die Auswahl eines LSP sind dann die Flexibilität in Abwesenheit quittungslos zu empfangen, Zeitfenster zu wählen, günstige Abholpunkte mit passenden Öffnungszeiten verfügbar zu haben, einen flexiblen Retouren-Prozess nutzen zu können. Insgesamt führt die Amazonisierung deshalb zu einer Explosion der Variantenvielfalt bei den Zustell-Optionen.

2.4.2   Emissionen und andere soziale Kosten

Die Letzte Meile erfährt journalistische Aufmerksamkeit oft wegen der emittierten Emissionen. Die „sozialen Kosten" sind ein Grundproblem der Betriebswirtschaftslehre, das in negativen Nebenwirkungen des betrieblichen Handelns besteht. **Soziale Kosten** einer Handlung verursacht ein Einzelner und die Allgemeinheit hat sie zu tragen (Raffée 1974, S. 143). Die sozialen Kosten der Letzten Meile bestehen in:

- Luftverschmutzung: Emission von Treibhausgasen (THG), insb. CO_2, und Feinstaub
- Lärmverschmutzung: Motorengeräusche und Be- und Entladevorgänge
- Infrastrukturbelastung: Stau, mautfreie (Ab-)Nutzung steuerfinanzierter Straßen und Verstopfung von Fußgängerzonen

Werden soziale Kosten nicht vom Verursacher selbst internalisiert, riskiert er, dass die Allgemeinheit sich mit Regularien wehrt. Dies ist in Deutschland derzeit zu beobachten. Zunehmend mehr Kommunen drohen mit oder führen Umweltzonen und Diesel-Fahrverbote ein.

Edwards et al. (2010) haben in einer Studie den **Carbon Footprint** von E-Commerce-Heimlieferung mit dem von konventionellen Einkäufen in Filialen verglichen und konnten keinen eindeutigen Beleg für die Vorteilhaftigkeit des einen oder anderen finden, geben aber den Hinweis, dass vermutlich Heimlieferung meistens vorteilhaft abschneidet, denn im Sinne von gefahrener Strecke je Stück ist die Bündelung in einer Verteiltour effizienter als der motorisierte Individualverkehr (privates Auto). Die entscheidende Kennzahl ist die Anzahl der Produkte (engl. *items*) im Einkaufswagen. Obwohl die durchschnittliche Anzahl der Items in Heimlieferung sehr klein ist (z. B. 1,4 bei Büchern), müssten beim konventionellen Einkaufen immerhin 32 Items im Einkaufswagen landen, um eine äquivalente Effizienz zu erzielen. Es ist offensichtlich, dass „Auf dem Weg einkaufen", z. B. auf dem Heimweg vom Arbeitsplatz, die zusätzlichen Emissionen reduziert. Um die Effizienz von gemischten Fahrten zu vergleichen, müsste man eine Kuppelkalkulation anstellen. Als praktische Konsequenz des Umweltbewusstseins muss für Privatpersonen also folgen, stets möglichst viele Items in einer Bestellung zu bündeln und Versandhändler müssten Mindestbestellmengen einführen. Ein visionärer Ansatz, die ohnehin fließenden Individualverkehre zu nutzen, ist Crowd Logistik. Crowd Logistik versucht Lieferungen auf die bestehenden Verkehrsflüsse aufzusetzen, indem Privatpersonen (die Crowd) angeworben werden, gegen Entgelt Lieferungen in Ihrer Fahrtrichtung mitzunehmen und die Zustellung persönlich für den Versender zu übernehmen. Aus der Crowd rekrutieren sich also Kuriere, die für Ihre Nachbarn Pakete mitnehmen könnten.

Auf staubelasteten Strecken entstehen mehr Emissionen als auf staufreien. Deshalb erhöht **Stau** die Emissionen auf der Letzten Meile:

- Im Stop-and-Go-Betrieb, also häufiges Anfahren, wird mehr Diesel verbraucht.
- Stau führt dazu, dass nicht die kürzesten Routen gefahren werden, sondern Umwege. Das wiederum führt dazu, dass Zeitfenster verpasst und erneute Zustellversuche nötig werden.
- Der Zeitverlust durch Stau führt zu verringerter Tour-Produktivität und diese führt zu mehr zusätzlichen Touren.

Das Stauproblem der Letzten Meile, welches nicht nur soziale, sondern auch operative Kosten verursacht, könnte visionär durch einen erhöhten Anteil Nachtverkehre realisiert werden. Zustellungen in der Nacht erfolgen schon heute quittungslos, sind aber noch ein Spezialfall im B2B-Geschäft. Die Verlegung von Verteiltouren in Randzeiten sind eine Möglichkeit, erstens mehr Zustellungen pro Tour zu erreichen, und zweitens die sozialen Kosten des Staus zu reduzieren. Dem gegenüber stehen erhöhte Personalkosten in der Nachtschicht und Lärm-emissionen.

2.4.3 Allokation

Aus den Problemen der Kosten und der Emissionen auf der Letzten Meile resultiert ein **Allokationsproblem:** Angenommen, ein LSP ist in der Lage die genauen Kosten und Emissionen einer Verteiltour zu bestimmen: Wie soll ein LSP diese auf seine Versand- und Empfangskunden bzw. auf die einzelne Sendung schlüsseln?

Die Allokation der Kosten ist für die Preispolitik des LSP relevant, denn die Sendungen als Kostenträger sind überaus heterogen in ihrer Kostenver-ursachung. Einige spezifische Hindernisse bei der Zustellung wurden im Abschn. 2.4.1 diskutiert. Aber die faire Schlüsselung ist nicht nur von der Güte der einzelnen Zustellpunkte abhängig, sondern auch von der relativen Lage zu anderen Zustellpunkten. Die gruppierte Lage von Zustellpunkten, z. B. in Gewerbeparks, hat einen Effekt auf die Kosten der Letzten Meile. Ein Empfänger mit einem sehr kleinen Stopp-Faktor kann trotzdem ein kosten-günstiger Empfänger sein, weil er nur wenige Meter neben einem anderen Empfänger liegt. Obwohl die Stopp-Produktivität (Zustellungen je Zustellpunkt) sehr klein ist, ist die Tour-Produktivität (Zustellungen je Tour) hoch. Ist der-selbe Empfänger ein vereinzelter Punkt auf der Landkarte, so ist er ein teurer Empfänger. Die Allokation stellt deshalb die Frage, wie die Kosten einer Tour auf die einzelnen Sendungen zu schlüsseln sind, um damit eine angemessene Preispolitik zu begründen. Eine praktische Anwendung hierfür ist die Preis- und Rabatt-Verhandlung mit großen Versendern. Da diese stets Mengen-rabatte einfordern, stellt sich dem LSP die Frage, wie hoch der Anteil günstiger Sendungen an der Menge ist. Das resultiert in einer Mischkalkulation, weil die Kosten der einzelnen Sendung eben von der Tour-Produktivität aller Sendungen im Netz des LSP abhängen und diese selbst beeinflussen. Die Rabatt-Gestaltung, jenseits von (mit Sicherheit praktikablen wie falschen) Mengen-rabatten, in der Stückgut und KEP Branche sind ein noch sehr wenig erforschtes Feld der BWL an der Schnittstelle zwischen Logistik und Marketing.

Die Allokation von Emissionen ist aus rechtlichen Gründen wichtig und wird voraussichtlich in wenigen Jahren mandatorisch im Rahmen der Bericht-erstattung verankert sein. Einige nationale und europäische Institutionen haben

bereits Vorschläge gemacht für vereinheitlichte Maßzahlen der Treibhaus-
gas-Emissionen. Ein Vergleich von fünfzehn Ansätzen und eine praktische
Anwendungsempfehlung ist in Kellner und Otto (2012) zu finden.

Beispiel

Ein Kaffee-Spezialist betreibt in Kantinen, Bürokomplexen, Tankstellen etc.
Vollautomaten. Jeder Vollautomat wird auf einer fixen Route an einem vereinbarten Werktag pro Woche gewartet, gereinigt und der Bestand an Kaffee
nachgefüllt. Es stellt sich die Frage, welche Menge CO_2 jeder belieferte
Gastronom zugerechnet bekommt. Die Tour am Dienstag beinhaltet acht
unterschiedliche Stopps und die Tour ist kostenoptimal geplant und insgesamt 150 km lang und mit 400 kg beladen. Die Nutzlast des Fahrzeugs
beträgt 1,45 t, der Dieselverbrauch bei maximaler Nutzlast 11,5 L/100 km
und bei Leerfahrten 9 L/100 km, der Emissionsfaktor (engl. *Conversion
Factor*) beträgt 2,68779 CO_2e/L[7] (Lastauto Omnibus-Katalog 2017;
Wittenbrink 2012, S. 84; Gov.uk 2019). Hier werden exemplarisch für die
Zustellpunkte 1, 4 und 6 die CO_2e berechnet.

Die THG Emissionen der gesamten Tour werden mit der Formel geschätzt:

$$\text{THG} = \frac{\text{Diesel}_{\text{leer}} + (\text{Diesel}_{\text{voll}} - \text{Diesel}_{\text{leer}}) \cdot \frac{\text{Ladung}}{\text{Nutzlast}}}{100 \text{ km}} \cdot \text{Distanz} \cdot \text{Emissionsfaktor}$$

$$= \frac{11,5 + 2,5 \cdot \frac{0,4}{1,45}}{100} \cdot 150 \cdot 2,68778 = 49,145 \text{ kg CO}_2\text{e}$$

Die europäische Norm Din EN 16258 (vgl. Kellner und Lukesch 2019)
empfiehlt die Emissionen über die gewichteten, sternförmigen Tonnenkilo-
meter (tkm) zu verteilen. Diese sind grau-gestrichelt in Abb. 2.4 eingezeichnet.
Diese Proportionalisierung kann entlang des Dreisatzes bestimmt werden.
Zum Nachrechnen: Die Summe der gewichteten Sterndistanzen beträgt
$\sum_1^8 d_i \cdot t_i = 12.000$ (Tab. 2.3).

Die Frage, ob es wirklich nötig ist, die Emissionen zu allokieren, ist
berechtigt. Kellner und Lukesch (2019) diskutieren die Gründe ausführlich:
Zur Erfüllung gesetzlicher Auflagen, zu Zwecken der Zertifizierung, als Teil

---

[7]Die Umweltkenngröße CO_2 Äquivalente (CO_2e) normiert diverse Treibhausgase auf die
entsprechende Menge CO_2.

Abb. 2.4 Allokation von CO_2 Äquivalenten auf Zustellpunkte

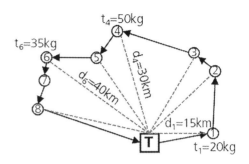

Tab. 2.3 Beispiel zur Allokation von CO_2e mit Din EN 16258

i	d_i (km)	t_i (kg)		THG_i (kg)
1	15	20	$THG_1 = 49{,}145 \text{ kg} \cdot \frac{15 \cdot 20}{\sum_1^8 d_i \cdot t_i}$	1,23
4	30	50	$THG_4 = 49{,}145 \text{ kg} \cdot \frac{30 \cdot 50}{\sum_1^8 d_i \cdot t_i}$	6,14
6	40	35	$THG_6 = 49{,}145 \text{ kg} \cdot \frac{35 \cdot 40}{\sum_1^8 d_i \cdot t_i}$	5,73

einer Marketingstrategie, aus Gründen der Effizienz oder weil darin ein Wettbewerbsvorteil gesehen wird.

Allokation von Emissionen

- Situationen, die in der Praxis als Letzte Meile beschrieben werden, sind mannigfaltig und unterschiedlich. Sie lassen sich gut nach dem entscheidenden Akteur und dem Typus der Zustellpunkte klassifizieren.
- Die hier entwickelte Definition sieht die Letzte Meile als den Abschnitt der Lieferkette zwischen dem Break-Bulk-Point und den Zustellpunkten, an denen die Lieferkette das Produkt an den Endkunden übergibt.
- Die Letzte Meile als Prozess besteht aus drei Teilprozessen: Konsolidierung, Transport und Übergabe, die einzeln und als Ganzes zu gestalten sind.
- Die Grundprobleme, die spezifisch für die Letzte Meile sind, sind finanzielle Kosten, soziale Kosten und die Allokation beider.

Kosten: Ist die Letzte Meile eine teure Meile und warum? 3

Die Transportkosten auf der Letzten Meile bestehen aus verschiedenen Kostenarten, die unterschiedlichen Treibern folgen. Die wichtigsten Kostenbestandteile sind die Kosten für Personal, die Betriebskosten wie Treib- und Schmierstoffe und die Bereitschaftskosten des Fahrzeugs[1], plus einen Zuschlag für Gemeinkosten. Die wichtigsten Treiber sind die Fahrzeit und die Fahrstrecke. Diese Kostenbestandteile werden nachfolgend aufgeschlüsselt und auch die Kostensätze anhand eines Additions- und Zuschlagsverfahren modelliert.

3.1 Transportkostenarten

Ziel der Kostenrechnung ist es, die Kosten einer Tour und einer Sendung zu ermitteln und die Zuordnung auf Kostenträger zu begründen. Ein Fahrzeug kann an einem Tag mehr als eine Tour machen, benötigt dann aber mehrere Fahrer, die im Schichtbetrieb arbeiten. Auch kann nicht jeder Fahrer täglich eine Tour fahren, weil die wöchentliche Lenkzeit begrenzt ist und weil er Kranken-, Urlaubs- und Feiertage hat. Heute ist es, zumindest in Westeuropa, üblich, dass reale Touren den gesetzlichen Regularien entsprechen. Elektronische Tachos, die einfach auszuwerten und langfristig zu speichern sind, haben die Zollkontrollen effektiver gemacht, sodass Fahrzeitübertretungen heute eher Ausnahme als Regel sind. Das erhöht die Zuverlässigkeit der Schätzung von Personalkosten im Transport ungemein.

---

[1]Die Mautkosten sind als weitere Kostenart im Transport zu beachten. Dies hat aber in deutschen Innenstädten keine Relevanz. Maut wird nur auf Autobahnen und seit 2018 auch auf Bundesstraßen erhoben. Derzeit sind Kleintransporter (Vans oder Sprinter) noch ganz von der Maut ausgenommen, welche den größten Teil der Verteilflotten ausmachen.

3.1.1 Personalkosten

Die Personalkosten stellen den größten Posten der Kostenrechnung im Transport dar. Die wichtigste gesetzliche Regel zu den Lenk- und Ruhezeiten betrifft die tägliche Lenkzeit von maximal 9 h. Diese darf an maximal zwei Tagen pro Woche auf 10 h erhöht werden und insgesamt pro Woche 56 h nicht übersteigen (4 Arbeitstage zu je 9 h und 2 erlaubte Arbeitstage zu je 10 h). Allerdings wird dies eine Ausnahme, denn in zwei aufeinanderfolgenden Wochen darf die Arbeitszeit 90 h nicht übersteigen. In einem regelmäßigen Distributionsbetrieb wird daher die Arbeitszeit regulär 45 h/Woche betragen. Die Arbeitszeit beinhaltet Wartezeiten, aber keine Pausenzeiten, welche 45 min nach 4,5 h betragen. Zwischen zwei Schichten müssen wenigstens 11 h Pause liegen, daher ist es auch nicht erlaubt, sofort nach einer Spätschicht in eine Frühschicht zu wechseln. Wie viel Euro kostet nun also eine durchschnittliche Schicht eines Fahrers? Dafür müssen alle Bestandteile wie Prämien, Spesen und die Arbeitgeberbeiträge zur Sozialversicherung auf den Lohn zugeschlagen werden. Dabei kann es bedeutende regionale und betriebliche Unterschiede geben. In der folgenden Beispielrechnung werden daher einige Annahmen getroffen, die auf Erfahrungswerten beruhen und für Süddeutschland als realistisch angenommen werden können. Der gesetzliche Mindestlohn in Deutschland beträgt 9,19 EUR im Jahr 2019. Es existieren hierzu eine Vielzahl von Tarifverträgen. Als Beispiel sei der Tarifvertrag Postdienste, Logistik und Spedition (PLS) in Bayern genannt. Der Tariflohn laut PLS Flächentarifvertrag beträgt 13,67 EUR für Kraftfahrer bzw. 13,83 EUR für „Facharbeiter im Fahrdienst" mit IHK Prüfung. Als Stundenlohn (100 %) werden in Tab. 3.1 11,50 EUR angenommen; das ist ungefähr das Mittel zwischen Mindest- und Flächentariflohn. Für die Berechnung wird neben der regelmäßigen Wochenarbeitszeit von 45 h angenommen, dass im Mittel 2 der 9 h in einer Nachtschicht abgeleistet werden. In der Nachtschicht wird eine Prämie von 25 % gezahlt. In Deutschland ist es üblich, Angestellten ein „Weihnachtsgeld" oder „zusätzliches Monatsgehalt" am Ende des Kalenderjahres zu zahlen. Die genaue Höhe variiert zwischen Branchen und Unternehmen, wird aber meistens am Monatslohn festgemacht. Hier wird angenommen, dass Fahrer einen halben Monatslohn zusätzlich erhalten, was pauschal pro Monat zugeschlagen wird. Als Arbeitgeberbeiträge zu den Sozialabgaben werden die Prozentwerte aus Wittenbrink (2012, S. 94–95) übernommen. Tab. 3.1 zeigt die Berechnung der monatlichen Personalkosten für einen Zustell-Fahrer unter den genannten Annahmen.

Tab. 3.1 Monatliche Schätzung der Personalkosten eines Fahrers mit 45-Stunden-Arbeitswoche

			Lohn	h/Monat	Kosten/Monat (EUR)
Arbeitslohn	Tariflohn		11,50 EUR/h	195,54	2248,66
	Zulage Nachtschicht	25 %	2,88 EUR/h	43,45	124,93
	Urlaubsgeld		14,00 EUR/Tag		35,00
	Monatslöhne	12,5			
	Arbeitslohn				2.408,59
Arbeitgeber Sozialbeiträge	Rentenversicherung	9,45 %			227,61
	Krankenversicherung	7,30 %			175,83
	Arbeitslosen-versicherung	1,50 %			36,13
	Pflegeversicherung	1,025 %			24,69
	Insolvenzumlage	0,15 %			3,61
	Umlage Entgeltfort-zahlung	0,25 %			6,02
	Berufsgenossenschaft	3,57 %			85,99
	Umlage Entgeltfort-zahlungsvers	2,50 %			60,21
	Sozialbeiträge	25,745 %			620,09
	Personalkosten				**3028,68**

Die effektive Arbeitszeit eines Fahrers beträgt deutlich weniger als die in Tab. 3.1 geschätzten 195,54 h/Monat. Weil Mitarbeiter zwar jede Stunde bezahlt bekommen, aber nicht immer arbeiten (Urlaub, Feiertage, Krankentage …) werden in Tab. 3.2 die Personalkosten pro effektive Arbeitsstunde geschätzt.

Der Kostensatz 19,51 EUR gilt natürlich nur genau unter den getroffenen Annahmen, insbesondere des Stundenlohns. Allerdings ist das Verhältnis zwischen Stundenlohn und Kosten pro effektiver Arbeitsstunde nahezu linear. Mit einem Zuschlagssatz von 75 % ergibt sich ein akzeptabler erster Schätzwert. Dieser Zuschlagssatz ändert sich abhängig von Betrieb, Bundesland, Jahr, Gesetzgebung etc. geringfügig.

Tab. 3.2   Personalkosten pro effektiver Arbeitsstunde

	Jahr	Monat
Personalkosten, absolut	37.858,50 EUR	3028,68 EUR
Arbeitstage	260,71	21,73
Urlaubstage	30,00	2,50
Krankentage	13,04	1,09
Gesetzliche Feiertage[a]	10,72	0,89
Effektive Arbeitstage	**206,96**	**17,25**
Personalkosten pro Tag	175,58 EUR	
Personalkosten pro h	**19,51 EUR**	

[a]Die gesetzlichen Feiertage variieren in Deutschland nach Bundesland und nach Jahr. Es besteht ein Süd-Nord-Gefälle: In Teilen Bayerns gibt es die meisten Feiertage mit bis zu 15 und in den Hansestädten und Schleswig-Holstein die wenigsten. Der hier verwendete Wert 10,72 ist der Einwohner-gewichtete Mittelwert der Feiertage an Werktagen über die Jahre 2015–2020 über alle 16 deutschen Bundesländer

---

Beispiel

Würde der Flächentariflohn (BY) von 13,67 EUR gezahlt, würden die monatlichen Personalkosten eines Fahrers ceteris paribus auf 3731,92 EUR und die Personalkosten pro effektiver Arbeitsstunde auf 24,04 EUR steigen. Alternativ erhält man mit dem Zuschlagssatz einen Schätzwert:

$$13{,}67 \text{ EUR} \cdot 175\% = 23{,}92 \text{ EUR}$$

3.1.2   Fahrzeug-Bereitschaftskosten

Zu den Bereitschaftskosten zählen alle diejenigen Kosten, die anfallen, nur um grundsätzlich einsatzbereite Fahrzeuge vorzuhalten. Das sind Steuern, Versicherungen, Abschreibungen und die Kosten der Kapitalbindung. Bei der Kostenkalkulation eines gesamten Fuhrparks ist zu beachten, dass Motorwagen und Anhänger jeweils zu versteuern, zu versichern und abzuschreiben sind. Bereitschaftskosten werden per annum gerechnet, können dann aber auf Monate, Tage oder Stunden linear verteilt werden.

Die Idee der **Steuer** ist im Prinzip, soziale Kosten der Straßennutzung und Umweltverschmutzung teilweise zu internalisieren. Die Steuern des Fahrzeugs werden daher von dem zugelassenen Gesamtgewicht und der Emissionsklasse

bestimmt. Ein EURO-5 Lkw, Emissionsklasse S2 oder besser, mit 7,5 t Gesamtgewicht kostet 285 EUR Steuern. Ein typischer „3,5-Tonner" kostet ca. 210 EUR.
Die Berechnungsformel ist ein gestuftes Modell, welches je 200 kg mit einem
progressiv steigenden Kostensatz besteuert.

Zu den **Fahrzeugversicherungen** zählen die Haftpflicht-, die Kasko- und die
Unfallversicherung, jedoch nicht die Transportversicherung der Ladung. Diese
wird auch nicht vom Ladungsführer getragen, sondern in der Frankatur (vgl.
Abschn. 3.1.1) zwischen Versender und Empfänger vereinbart. Die Versicherung
ist, wie auch beim PKW, stark von Parametern wie dem Fahrerkreis, der jähr-
lichen Fahrleistung, dem Fahrzeugwert, dem Selbstbehalt, dem Wohnort des
Versicherungsnehmers und dem Abstellort des Fahrzeugs abhängig. Bei einem
großen Fahrerkreis, einer im Nahverkehr recht hohen Fahrleistung von 60.000 km
p. a. und einem moderaten Selbstbehalt von 500 EUR beträgt die Haftpflichtver-
sicherung etwa 4 bis 5000 EUR.

Die **Abschreibungen** des Fahrzeugs sind erstens abhängig von der erwarteten
Nutzungsdauer, zweitens von den Anschaffungs- bzw. Wiederbeschaffungskosten
und drittens von der kalkulatorischen Wahl der Abschreibungsmethode. Achtung:
die externe Berichterstattung bietet hierzu weniger Spielraum als die unter-
nehmensinterne Kostenrechnung (Controlling). Es ist üblich die Abschreibungen
des Motorwagens auf 4–6 Jahre zu berechnen und jeweils hälftig über die Zeit
und über die Fahrleistung abzuschreiben. Die Konsequenz ist, dass 50 % der
Abschreibungen zu den fixen Bereitschafts- und 50 % zu den variablen Betriebskosten gezählt werden.

Die Investition in ein Fahrzeug bindet Kapital, das nicht anderweitig eingesetzt werden kann. Hierfür fallen kalkulatorische **Kosten der Kapitalbindung** bzw. Wagniskosten an. Die Idee ist eine Bewertung: Wieviel Rendite
entgeht dem Unternehmer, weil er sein Geld nicht in eine alternative Anlage-
form (z. B. Anleihen oder neuen Betriebsgrund) mit vergleichbarem Risiko
investiert, sondern in ein Fahrzeug[2]? Über die erwartete Lebensdauer sinkt das
gebundene Kapital, denn es wird in Form von Abschreibungen entnommen.
Abschreibungen sind Kosten, denen keine Ausgaben gegenüberstehen. Das
bedeutet, die finanziellen Bestände und Verbindlichkeiten des Unternehmens
bleiben unberührt, aber es wird Wert verzehrt. Stehen diesen Kosten aber

---

[2]Diese risiko-gewichtete Bewertung ist nicht einfach und in aller Regel nutzen Unternehmen dafür vereinfachend ihre Weighted Average Cost of Capital (WACC) als Zinssatz.
Das ist nicht ganz richtig, weil die Risikogewichtung ignoriert wird.

Einnahmen gegenüber, bleibt Cash im Wert dieser Abschreibungen übrig. Abschreibungen eines Fahrzeugs setzen also Kapital frei, sofern dieses operativ mit dem abgeschriebenen Fahrzeug erwirtschaftet wird. Für die Bereitschaftskosten setzt man daher die durchschnittlichen Kapitalbindungskosten (CC) an. Zu Beginn wird der Anschaffungswert (AW) und am Schluss der Restwert (RW) mit dem Zins i bewertet:

$$CC = \frac{AW + RW}{2} \cdot i$$

Die Kalkulation der Fahrzeug Bereitschaftskosten ist im Prinzip nicht schwierig. Schwierig ist die Bereitstellung guter Eingangsdaten. Diese variieren stark mit dem angeschafften Fahrzeug und der Fahrzeugnutzung. Zum Beispiel wird in Tab. 3.3 ein Mercedes-Benz Sprinter Kastenwagen mit einem zugelassenen Gesamtgewicht (zGG) von 3,5 t kalkuliert. Der Nettopreis des Sprinters beträgt 37.130 EUR (Lastauto Omnibus-Katalog 2017). Es wird folgende Nutzung unterstellt.

Der Sprinter wird an 6 Werktagen pro Woche im Zweischicht-Betrieb genutzt. Fahrer verbringen 8 ihrer 9 Arbeitsstunden mit Fahren und eine mit anderen Tätigkeiten wie Laden.

Tab. 3.3 Fahrzeug- Bereitschaftskosten-Berechnung

Mercedes-Benz Sprinter 316 CDI	3,5 t zGG	Kastenwagen
Anschaffungswert netto	EUR	37.130,00 EUR
Erw. Nutzungsdauer	Jahre	4
Erw. Einsatztage/Jahr	Tage	300
Erw. Einsatzzeit/Tag	Stunden	16
Kfz-Steuer	EUR p. a.	210,00 EUR
Versicherung	EUR p. a.	5000,00 EUR
Abschreibung Zeitwert	EUR p. a.	4641,25 EUR
Kapitalkosten 5 %	EUR p. a.	928,25 EUR
Fahrzeug- Bereitschaftskosten	**EUR p. a.**	**10.779,50 EUR**
	EUR p. m.	**898,29 EUR**
	EUR p. d.	**35,93 EUR**
	EUR p. Tour	**17,97 EUR**
	EUR p. h.	**2,25 EUR**

Die Daten in Tab. 3.3 wurden spezifisch für dieses Beispiel zusammengetragen. Es ergeben sich Bereitschaftskosten von 17,97 EUR pro Tour, wenn die Dauern der Touren hinreichend ähnlich sind. Werden mit dem Fahrzeug extrem unterschiedliche Touren gefahren, verliert dieser Schätzwert seine Aussagekraft, sodass der Wert 2,25 EUR/h verwendet werden soll.

3.1.3   Fahrzeug-Betriebskosten

Die Betriebskosten des Fahrzeugs fallen variabel mit der Fahrleistung an. Das bedeutet, wenn das Fahrzeug steht, fallen auch keine variablen Kosten an. Zu den Betriebskosten zählen die Kosten für Treibstoff, Reifenabnutzung, Schmierstoffe, Reparaturen und die Abschreibungen aus Abnutzung.

Die **Treibstoffkosten** sind abhängig vom Diesel-Preis, vom durchschnittlichen Verbrauch des Fahrzeugs und von seinem Auslastungsgrad. Ein voll beladenes Fahrzeug verbraucht mehr als ein leeres Fahrzeug. Die **Reifenkosten** sind natürlich abhängig von den Stückkosten eines Reifens, der Bereifung und von der zu erwartenden Laufleistung eines Reifens. Zur Berechnung der **Abschreibung** für Abnutzung benötigt man plausible Annahmen über die Laufleistung des Fahrzeugs und seine Lebens- oder Nutzungsdauer. Abschreibungen messen den Wertverlust am Fahrzeug gegenüber dem Buchwert. Mit den Abschreibungen sind die regelmäßigen **Reparaturen,** z. B. an Verschleißteilen wie Bremsen, noch nicht abgegolten. In Tab. 3.4 wird wieder für den „3,5-Tonner" Sprinter eine Berechnung der Betriebskosten exemplarisch präsentiert.

Für die Berechnung der Treibstoffkosten wird eine durchschnittliche Beladung des Fahrzeugs auf der Letzten Meile mit 85 % angenommen. Es startet also fast vollständig beladen und wird im Laufe der Tour immer weiter entladen. Zur Berechnung der Treibstoffkosten nimmt man das Mittel zwischen dem Dieselverbrauch bei 85 % der maximalen Nutzlast 11,5 L/100 km und dem Verbrauch bei Leerfahrten 9 L/100 km (Lastauto Omnibus-Katalog 2017; Wittenbrink 2012, S. 84):

$$\frac{9 + (9 + 85\% \cdot (11{,}5 - 9))}{2} = 10{,}063 \,\text{L}\Big/ 100\,\text{km}$$

Ein Sprinter hat zwei Achsen, also 4 Reifen und die gesamte Bereifung kostet 892 EUR. Bei einer zu erwartenden Laufleistung von 64.000 km (Lastauto Omnibus-Katalog 2017)kosten die Reifen rund 1,4 Cent pro km. Für die Abschreibungen wird hier angenommen, dass das Fahrzeug auf der Letzten Meile 20 km je Stunde zurücklegt. Bei der Berechnung der Bereitschaftskosten wurde

Tab. 3.4 Fahrzeug- Betriebskosten-Berechnung

Mercedes-Benz Sprinter 316 CDI		3,5 t zGG	Kastenwagen
Mittlere Auslastung			85 %
Diesel-Verbrauch	Max. Ladung	L/100 km	11,5
	Leer	L/100 km	9
	Mittel	L/100 km	10,063
Diesel-Kosten	Netto	EUR/L	1,074
		EUR/km	**0,108**
Reifen-Kosten	Laufleistung	km	64000
	Anzahl	Stück	4
	Stückkosten	EUR/Stück	223
	Bereifung	EUR	892
		EUR/km	**0,0139**
Abschreibung	Laufleistung	km/h	20
		km Leben	384000
		EUR/km	**0,05 EUR**
Sonst. Betriebskosten	Schmierstoffe	**EUR/km**	**0,0024**
	Reparatur	**EUR/km**	**0,0778**
Fahrzeug-Betriebskosten		**EUR/km**	**0,25 EUR**

bereits angenommen (Tab. 3.3), dass das Fahrzeug vier Jahre genutzt werden kann, jedes Jahr an 300 Tagen mit jeweils zwei Touren á 8 h eingesetzt werden kann. Daraus ergibt sich eine Fahrleistung über die nutzbare Lebenszeit von:

$$4 \cdot 300 \cdot 16 \cdot 20 = 384.000 \text{ km}$$

Die Abschreibung, die hälftig über die Fahrleistung abgeschrieben wird, verteilt den Anschaffungswert des Sprinters über diesen Wert. Als sonstige variable Betriebskosten werden durchschnittliche Erfahrungswerte für Schmierstoffe und Reparaturkosten (Lastauto Omnibus-Katalog 2017)angesetzt. Daraus ergeben sich die Betriebskosten von 25 Cent/km.

Tab. 3.5 Kostenschätzung einer „Letzte- Meile"-Tour	Personalkosten	EUR	216,39 EUR	79 %
	Bereitschaftskosten	EUR	17,97 EUR	7 %
	Betriebskosten	EUR	40,09 EUR	15 %
	Tour Kosten	**EUR**	**274,44 EUR**	100 %

3.1.4 Kostenschätzung einer Tour auf der Letzten Meile

Aus den drei vorgestellten Kostenarten ergibt sich eine gute Schätzung der Kosten einer „Letzte-Meile"-Tour. Diese Schätzung ist natürlich abhängig von konkreten Umständen, da sich verschiedene „Letzte-Meile"-Situationen (siehe Abschn. 3.2) erheblich voneinander unterscheiden können. Für die Schätzung in Tab. 3.5 wurden konsistent die gleichen Annahmen wie in der exemplarischen Berechnung der Kostenarten unterstellt.

Die geschätzten Tour-Kosten von 274,44 EUR sind konsistent mit Erfahrungswerten aus der Praxis von KEP- Dienstleistern, die mehrheitlich „3,5-Tonner"-Kastenwägen einsetzen.

3.2 Effekte und Wechselwirkungen

Bei den Kosten einer Tour gibt es grundsätzliche Gesetzmäßigkeiten, die sich aus den Wechselwirkungen einiger Tourparameter ergeben. Der wichtigste Effekt ist die Verdichtung. Der Verdichtungseffekt hat zweierlei Dimensionen: Stopps und Tour.

Stopp-Verdichtung
Stopp-Verdichtung meint, dass die Anzahl der Sendungen, die am selben Zustellpunkt zugestellt werden, steigt; mit anderen Worten: Der Stopp-Faktor steigt. Das hat den Effekt, dass die Tour in Strecke und Dauer gleich lang bleibt und ein größeres Sendungsvolumen verteilt werden kann, sofern die Nutzlast des Fahrzeugs dies zulässt (Abb. 3.1).

Tour-Verdichtung
Tour-Verdichtung meint, dass die geografische Dichte bzw. Nähe der Zustellpunkte, die nacheinander angefahren werden, steigt. Das bedeutet, dass

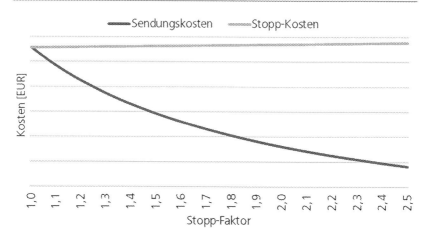

Abb. 3.1   Effekt Stopp-Verdichtung

die mittlere Stopp-Stopp-Strecke sinkt, der Fahrer häufiger anhält, um eine Zustellung zu machen und folglich produktiver wird.

Abb. 3.2 skizziert den Effekt der Verkürzung der Strecke zwischen zwei Zustellpunkten. Je kürzer diese Strecke ist, desto kleiner sind die Sendungskosten. Die Kosten pro km steigen jedoch. Das liegt daran, dass die Tour in Folge

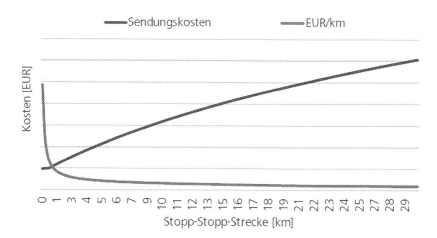

Abb. 3.2   Effekt der Tour-Verdichtung

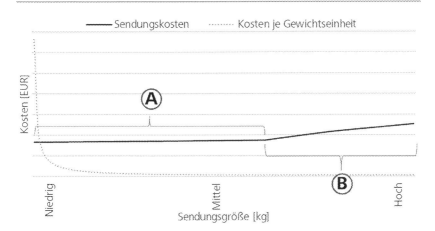

Abb. 3.3 Effekte der Sendungsgröße

der Verdichtung kürzer wird und bei einer Kostenberechnung pro km die fixen Bereitschaftskosten und die Personalkosten auf weniger km aufgeteilt werden.

Nebenbedingungen der Tour
Die Größe bzw. das Gewicht einer Sendung beeinflusst die Zustellkosten, abhängig davon, ob die Tour von der Personaleinsatzdauer oder von der Nutzlast des Fahrzeugs eingeschränkt wird. Meistens entsteht beim Planen einer Tour die Situation, dass entweder das Fahrzeug schon voll ist, der Fahrer aber noch Arbeitszeit übrighat, oder umgekehrt, die Arbeitszeit des Fahrers zu Ende ist, das Fahrzeug aber noch leeren Laderaum hat.

Abb. 3.3 zeigt diesen Effekt, der anhand des Knicks zwischen den mit A und B markierten Abschnitten erkennbar ist. Der Abschnitt A wird auch „Zeit-dominiert" genannt und der Abschnitt B „Strecken-dominiert" (Hall 1991). In A sind die Sendungen klein genug, sodass das Fahrzeug nicht voll ausgelastet ist, aber die Einsatzzeit des Fahrers. Das hat zur Folge, dass die Anzahl der Zustellpunkte einer Tour nur unwesentlich sinkt[3]. In B ist es umgekehrt, die Sendungen sind groß und das Fahrzeug ist voll. Das heißt, der Fahrer kann nicht genügend Sendungen mitnehmen, um seine Einsatzzeit voll auszuschöpfen. Folg-

---

[3]Eigentlich sinken sie im Modell gar nicht. In der Praxis steigt aber die Servicezeit mit der Größe der Sendungen geringfügig an, weil der Fahrer länger benötigt um eine schwerere Sendung zu tragen und zu übergeben.

lich entsteht Leerlauf, welcher die Produktivität mindert. In der Konsequenz ergibt sich, dass sehr kleine Sendungen sehr teuer im Verhältnis zu ihrer Größe sind. Es macht in der Distribution oftmals keinen ernsthaften Kostenunterschied, ob eine Sendung 100 g oder 10 kg wiegt. In der Konsequenz sind die Kosten je Gewichtseinheit [kg] bei sehr kleinen Sendungen extrem hoch und bei größeren Sendungen verhältnismäßig klein.

Anfahrt, Geschwindigkeit und Servicezeit
Die Effekte der weiteren Parameter sind sofort zu verstehen und wirken direkt auf die Produktivität.

Anfahrt: Je länger die Anfahrt vom Startpunkt bis zum ersten Stopp einer Tour ist, desto länger fährt der Fahrer „unproduktiv" ins Land und erledigt keine Zustellungen. Mit anderen Worten: Sind die Zustellpunkte besonders weit weg vom BBP, ist die Letzte Meile teuer. Daraus ergibt sich auch ein Trade-Off zwischen der Anzahl der Terminals und der Produktivität der Verteiltouren.

Geschwindigkeit: Je schneller der Fahrer fahren kann, desto produktiver wird er, denn der Anteil seiner Einsatzzeit, die er mit Fahren verbringt, sinkt. In der Praxis zeigt sich, dass auf langen Strecken eine hohe Durchschnittsgeschwindigkeit erreicht wird, auf kurzen Strecken eine geringe Durchschnittsgeschwindigkeit. Diese Wechselwirkung zwischen Tourlänge und Geschwindigkeit hat insbesondere bei weitläufigen Überlandtouren Relevanz, weil dort sogar Autobahnen in einer Tour gefahren werden.

Servicezeit: Je schneller ein Fahrer die Übergabe der Sendung erledigen kann, umso produktiver wird er, desto mehr Zeit hat er, um mehr Sendungen zuzustellen. Die Servicezeit hängt von Faktoren wie dem Umfang und der Qualität der zu erbringenden Services, von den Gegebenheiten am Zustellpunkt, den Kompetenzen des Zustellers und von den Anforderungen der Sendung ab[4]. Einsparungen am Parameter Servicezeit werden vom Kunden wahrgenommen und führen ggf. zu erhöhtem Beschwerdeaufkommen.

---

[4]Die sorgfältige Ermittlung einer realistischen Servicezeit ist im KEP besonders wichtig, weil sich kleine Abweichungen bei sehr vielen Stopps rasch addieren. Hierfür empfiehlt es sich eine „rechnende Zeitstudie" mit Vorgabezeiten jeder Aktivität im Übergabeprozess, z. B. „Sendung im Fahrzeug suchen", „Warten" und „Ladungssicherung" zu berechnen. Die Vorgabezeiten können zusätzlich oder alternativ im Rahmen einer „messenden Zeitstudie" überprüft bzw. aufgestellt werden.

Kosten der Letzten Meile

- Die Letzte Meile ist, bezogen auf die einzelne Sendung, tatsächlich sehr teuer. Die Kosten variieren jedoch stark je nach Klasse der „Letzten-Meile"-Situation.

- Die Transportkosten auf der Letzten Meile werden aufgeschlüsselt in Personalkosten, Betriebskosten und Bereitschaftskosten. Die Personalkosten sind die größte Kostenart. Eine typische Tour kostet rund 275 EUR.

- Kleine Sendungen sind die verhältnismäßig teuersten. Daher gilt in der Zustellung: Je größer desto besser.

- Die Produktivität einer Tour hängt von ihrer Dichte ab. Stark produktive Touren haben hohe Stopp-Faktoren und kleine Stopp-Stopp-Strecken. Folglich sind Stadt-Touren strukturell produktiver.

- Die Sendungskosten in Touren hängen von den Nebenbedingungen Personaleinsatzzeit und Fahrzeugkapazität ab. Effiziente Touren schaffen es, beides gleichzeitig auszuschöpfen, sodass weder Zeit noch Kapazität verschwendet wird.

Ausgerüstet mit einem Verständnis, was die Letzte Meile ist, was die Grundprobleme dort sind und wie sich die Kosten der Letzten Meile zusammensetzen, sammelt dieses Kapitel die betriebswirtschaftlichen Entscheidungsprobleme auf der Letzten Meile. Zur Strukturierung der vielfältigen Entscheidungen wird weiter die Perspektive Distributionslogistik angewandt. Abb. 4.1 strukturiert die Entscheidungen entlang einer zeitlichen und einer prozessorientierten Dimension (Abschn. 2.3). Der zeitliche Horizont ordnet die Entscheidungen nach der Fristigkeit ihrer Umkehrbarkeit ein. Operative Entscheidungen sind solche, die sehr häufig und sehr kurzfristig getroffen werden. Eine heute getroffene operative Entscheidung darf morgen bereits umgekehrt werden, wenn es die Umstände erfordern, sich eine Entscheidung als Fehler entpuppt oder bessere Informationen verfügbar werden. Taktische Entscheidungen sind für einen mittelfristigen Zeitraum fixiert. Was genau mittelfristig bedeutet, kann nicht exakt festgelegt werden. In der Literatur werden oft mehrere Monate bis wenige Jahre genannt. Wichtiger ist, dass taktische Entscheidungen nicht einfach umkehrbar sind, weil diese Entscheidungen lange Vorlaufzeiten haben, Verträge existieren, Versprechen gemacht wurden. Strategische Entscheidungen sind solche, die langfristig das Fundament der Geschäfte bestimmen und nur sehr schwierig umkehrbar sind. Sie sind häufig mit großen Investitionen verbunden, sodass Fehlentscheidungen zu großen Verlusten führen können. Strategische Entscheidungen bestimmen die Möglichkeiten und Grenzen der taktischen und operativen Entscheidungen. Beispielsweise hat der KEP Dienstleister GLS entschieden, strategisch mit kleinen Einzelhändlern zu kooperieren, bei denen Pakete abgegeben und empfangen werden können. Das bedeutet, dass Abholpunkte fremdvergeben werden. Diese Entscheidung bestimmt den Rahmen, in dem die Fremdvergabe entschieden wird. Die

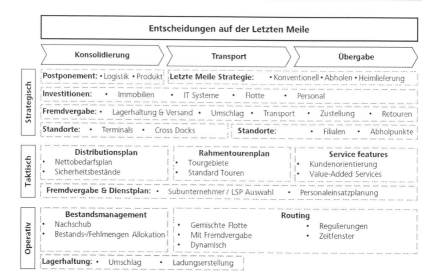

Abb. 4.1 Entscheidungsprobleme aus Sicht der Distributionslogistik

Auswahl der Partner, deren Öffnungszeiten und Lage sind Rahmenparameter für das operative Routing.

In der Praxis ist zu beobachten, dass strategische Entscheidungen noch von Menschen entwickelt und einzelfallspezifisch, auch mit externen Experten und Beratern, diskutiert werden. Operative Entscheidungen werden einmal parametrisiert und dann mittels Softwareunterstützung wiederholt berechnet.

4.1 Strategische Entscheidungen

Die „**Letzte-Meile**"-Strategie bestimmt den Rahmen für die hierarchisch untergeordneten Entscheidungen. Die Alternativen sind die Zustellpunkte als ein Spektrum zwischen Heimlieferung und sehr großen „Big Box"-Filialen. Bei diesen strategischen Überlegungen wird eine Balance zwischen Service-Qualität einerseits und den entstehenden Kosten andererseits gesucht. Das Ziel ist natürlich eine Service-Qualität anzubieten, die Kunden wahrnehmen und bezahlen, aber auch die Kosten der Serviceerbringung gering zu halten. Je näher die Letzte Meile an den Endkunden heranrückt, desto teurer wird die Erbringung, weil Endkunden dann immer weniger logistische Aktivitäten selbst übernehmen.

Gleichzeitig steigt auch der Spielraum, zusätzliche Erlöspotenziale zu heben, wie z. B. die Installation von Möbeln, Mitnahme von Altgeräten zwecks Recycling, Merchandising. Fuller et al. (1993) argumentiert, dass jedes Angebot aus dem materiellen Produkt und aus den auf Produkt, Kanal und Kunde zugeschnittenen Dienstleistungen besteht. Die Kunst des Managements ist mit der Metapher des Schneiderns eines passenden Maßanzugs vergleichbar, in den ein Produkt hineingesteckt wird („enveloped"). Dienstleistungen auf der Letzten Meile sind „passend", wenn sie Kundenwert durch Zuverlässigkeit, Unterstützung oder einfach Bequemlichkeit erschaffen und so Erlöspotenziale heben. Weil es aber keine „One-Size-Fits-All"-Größe beim Maßanzug gibt, besteht die Kunst in der Passung zwischen Produktmerkmalen, den Lieferoptionen und den zusätzlichen Dienstleistungen. Tab. 4.1 stellt die Determinanten der strategischen Überlegungen bei FMCG und SMCG gegenüber. Es zeigt sich, dass sich grundsätzlich geeignete Strategien für beide Güterklassen identifizieren lassen. In der Praxis zeigen jedoch auch Gegenbeispiele, dass unter Umständen große Potenziale in Nischen-Strategien stecken. Ein Beispiel ist der Tiefkühl-Lieferdienst Eismann, der FMCG nach Hause liefert. Das Geschäftsmodell konnte lange Jahre profitabel laufen, weil es noch keine Discounter gab, die flächendeckend ein großes TK-Sortiment technisch und wirtschaftlich anbieten konnten. Das konnte bis zur Jahrtausendwende sogar die enormen Kosten der rollenden TK-Lager decken, weil die Nachfragemenge, -stabilität und Zahlungsbereitschaft vorhanden waren. Aktuell versucht sich Eismann, so wie viele andere Händler, in der Heimlieferung online bestellter Lebensmittel.

Die strategische **Postponement**-Entscheidung ist ein klassisches SCM-Thema (Pagh und Cooper 1998). Das Postponement-Problem auf der Letzten Meile ist ein logistisches und stellt die Frage, ob CG auf der Letzten Meile, also im BBP, gelagert werden oder ob sie erst aus überregionalen, zentralen Lagern dorthin gefahren werden. Beispielsweise sind *„urban warehouses"* oder Mikro-depots eine Voraussetzung, um Same-Day-Belieferung garantieren zu können. Das bedeutet aber auch, dass auf die Nachfrage spekuliert wird und günstige Bestandszentralisierung nicht möglich ist. Produkt Postponement bedeutet, dass letzte Individualisierungen am Produkt oder an der Verpackung erst auf der Letzten Meile entstehen, wie z. B. die Vermählung eines Getränkekastens mit Merchandise wie Bierkrügen, das Stecken eines Blumenstraußes oder der Vakuumierung von Frischfleisch. Dies ist für die Distribution relevant, weil die Aktivität „Fertigstellung" Ressourcen und Zeit bindet. Postponement- Entscheidungen sind im Prozess binäre Entweder-oder-Entscheidungen: Möchten wir Fleisch in der Produktion oder dezentral am Zustellpunkt fertig portionieren und vakuumieren?

Tab. 4.1 Determinanten der „Letzte-Meile"-Strategie

	Schnelldreher/FMCG	Langsamdreher/SMCG
Produkteigenschaften	Nachfrage nach FMCG ist relativ groß und stabil, daher gibt es nur geringes Risiko bei einer spekulativen Distribution ins Regal. Der FMCG-Wert ist relativ gering und ihre Substituierbarkeit ist hoch, sodass Kunden nur geringe Markenloyalität haben. Folglich ist es essenziell, FMCG ohne viele Ausverkauf-Situationen zuverlässig ins Regal zu bringen	Nachfrage nach SMCG schwankt, aber ihr Wert ist groß. Folglich ist es sehr teuer SMCG spekulativ in vielen Filialen zu lagern. Weil für den Endkunden die technische Produktkomplexität und das finanzielle Risiko groß ist, ist die Substituierbarkeit gering und die Markenloyalität groß, sodass Lieferzeiten akzeptabel sind. Deshalb verkraften es SMCG zentral gelagert zu werden und dann direkt nach Hause geliefert zu werden
Zusätzliche Dienstleistungen	FMCG haben eine geringe funktionale Komplexität und brauchen keine große Erklärung. Folglich hat der Endkunde nur sehr geringen Bedarf und Zahlungsbereitschaft für zusätzliche Services. Der Händler will (abhängig von der Frankatur) logistische Dienstleistungen, die sich z. B. in einem Anlieferkonzept, Displays oder Shelf-Services ausprägen (siehe Beispiel Händlmaier, Abschn. 1.1)	Die Größe und die Komplexität von SMCG machen zusätzliche Services beim Endkunden nötig. Ihr Wert und das Risiko führen zu einer hohen Zahlungsbereitschaft für diese Services, um Risiken zu mindern, Funktionalität zu sichern oder das Produkt Bestimmungsort zu installieren

(Fortsetzung)

Tab. 4.1   (Fortsetzung)

	Schnelldreher/FMCG	Langsamdreher/SMCG
Service Merkmale	Die Distribution von FMCG muss günstig im Sinne der Stückkosten sein. Daher empfiehlt sich eine massenweise Distribution an wenige Zustellpunkte. Durch diese Bündelung ist der Verteilprozess standardisiert und getaktet	Kunden haben eine hohe Zahlungsbereitschaft für SMCG und diese deshalb hohen Margen. Folglich können SCMG die zusätzlichen Kosten hoher Service Qualität tragen und eine Individualisierung lohnt sich. Individualisierbare Service Merkmale sind Zeitfenster und Übergabeort, Verpackung und Branding, Abrechnung und Finanzierung
Empfehlung	Konventionelle Distribution mit hoher Effizienz und Zuverlässigkeit	Heimlieferung mit qualitativ und quantitativ umfangreichen logistischen und zusätzlichen Dienstleistungen

Die strategische **Fremdvergabe** ist eine wichtige und umfassend diskutierte Entscheidung mit besonderer Relevanz auf der Letzten Meile. In der Klassifizierung (Abschn. 2.2) wurde bereits gezeigt, dass LSP besonders große Bündelungspotenziale heben können. Prozesse, die fremdvergeben werden, sind typischerweise Transport, Lagerhaltung und Umschlag, Versand und Verpackung und Retouren Prozesse. Viele Hersteller und auch einige Händler, insbesondere im E-Commerce, vergeben die komplette Distribution gesamthaft an einen LSP (engl. *logistics fulfillment*). Der häufigste Grund für die Fremdvergabe sind geringere Kosten: LSP können ihre Kapazitäten besser auslasten, Hersteller und Händler binden weniger Kapital in Logistik-Anlagen (Immobilien, Flotte, IT), es können Tarif-Arbitrage Gewinne erzielt werden, weil oftmals die vergebenden Industrien höhere Löhne als die Logistikbranche zahlen müssen (Bretzke 1989). Demgegenüber stehen die erhöhten Transaktionskosten von Fremdvergabe durch Auswahl, Steuerung, Kontrolle der LSP und natürlich der LSP selbst, der mit eigener Gewinnabsicht wirtschaftet. Auch wird ein Teil der Ersparnisse aus Fremdvergabe von beziehungsspezifischen Investitionen aufgefressen: Es wird auf beiden Seiten der Beziehung zusätzliches Personal nötig, welches die Zusammenarbeit gestaltet; die IT Systeme müssen aneinander angebunden werden, was zusätzliche IT-Investitionen benötigt; auch die Infrastruktur, insbesondere Rampen, Tore, Betriebsmittel und Gebinde müssen, sofern sie nicht standardisiert (z. B. CCG Standard bei der Palettenhöhe) sind, abgestimmt werden. Erlösseitig stellt sich die Frage, ob ein Händler den einzigen physischen Berührungspunkt mit dem Kunden wirklich fremd vergeben will. Je simpler die Übergabe gestaltet ist, desto eher kann ohne Reibungsverluste fremdvergeben werden. Für kleinere und mittelständige Händler und Hersteller stellt sich die Frage, welche Rollenverteilung zwischen sich selbst und dem LSP angestrebt wird. Auch die Frage nach dem angestrebten Grad gegenseitiger Abhängigkeit ist strategisch zu bedenken: Möchte ich lieber einen kleinen LSP haben, für den ich sehr wichtig werde und in den ich investieren muss? Oder will ich lieber einen sehr starken LSP haben, der meine Sendungen effizient mit vielen gleichrangigen Versendern abarbeitet?

Investitionsentscheidungen sind eng mit der Fremdvergabe verbunden, denn die Alternative zur eigenen Investition ist die Vergabe an Dritte. Investitionsentscheidungen werden methodisch mit einer Kapitalwertmethode ausgewählt. Die Entscheidungsobjekte auf der Letzten Meile sind typischerweise die Flotte, die IT, das Personal, einige Overhead-Prozesse wie die Rechnungsprüfung und natürlich die Standorte mit technischer Ausstattung.

Standortentscheidungen sind in der Logistik meist ein Kostenminimierungsproblem, bestehend aus den Transportkosten, den Lagerhaltungskosten und den Standort- und Gebäudekosten. Auf der Letzten Meile müssen die Standorte der BBP, also Cross Docks und Terminals, sowie der Zustellpunkte, also Abholpunkte und Filialen, gefunden werden. Das räumliche Netzwerk der Standorte muss das Liefergebiet einigermaßen gleichmäßig abdecken unter Berücksichtigung der Erreichbarkeit der Zustellpunkte. Bei der Abdeckung eines Gebiets sind zwei Teilprobleme zu lösen: „Wie viele Terminals werden benötigt?" und „Wo sollen diese errichtet werden?".

4.2   Taktische Entscheidungen

Rahmentourenplanung ist das Aggregieren von Zustellpunkten bzw. Nachfragen. Der Zweck ist, dass jeder Transportbedarf anhand seiner Zustelladresse sofort auf eine Tour und somit in einen Verantwortlichkeitsbereich fällt. In der Praxis werden dabei einerseits Tourgebiete und Standardtouren unterscheiden. Tourgebiete sind geografische Teilgebiete eines größeren Liefergebiets, die definierten Kriterien entsprechen. Kriterien guter Tourgebiete sind dabei (Brabänder 2018a):

- kompakte „kreis-ähnliche" Form
- räumlicher Zusammenhang und Freiheit von Überlappungen
- Ausgewogenheit der Arbeitslast

Die Fahrten in einem Tourgebiet werden täglich optimiert in Abhängigkeit von den tagesaktuellen Umständen und der täglichen Arbeitslast. Tourgebiete werden insbesondere in der Distribution von Stückgut-Speditionen, Express-Dienstleistern und Großhandel angewandt. Standardtouren sind mit einer bestimmten Route geplant, die genau gleich bei jeder Fahrt abläuft. Diese werden bei Linienfahrten nach Fahrplänen mit einer bestimmten Frequenz genutzt, wie bspw. der Müllabfuhr, Zeitungsverteilung oder Milch-Touren.

In der **Distributionsplanung** (engl. Distribution Requirements Planning, DRP) werden die Bestandsvolumina je Produkt und Filiale, Tourgebiet, Regionallager usw. hierarchisch geplant mit dem Ziel, für prognostizierte Nachfragen das richtige Angebot verfügbar zu machen. DRP ist daher marktseitig mit der Absatzplanung und produktionsseitig mit der Fertigungsplanung integriert. Diese Integration geschieht über die periodischen Nettobedarfsmengen. Bezogen auf die Letzte Meile aggregiert DRP die Nachfragen an den Zustellpunkten zu den Beständen am BBP, inklusive der Sicherheitsbestände. Es stellt sich die Frage, ob Sicherheitsbestände überhaupt in der Nähe der Letzten Meile, z. B. am BBP, gelagert werden sollten. Dieses Teilproblem der Distributionsplanung wird das Safety-Stock-Placement-Problem genannt und umfasst eine Kosten- und eine Erlösproblematik: Einerseits können durch die Zentralisierung von Sicherheitsbeständen Kosten der Lagerhaltung und Kapitalbindung reduziert werden. Andererseits verschlechtert sich dadurch die Reaktionsfähigkeit und die Lieferzeit, was unter Umständen zu entgangenen Umsätzen und Deckungsbeiträgen führen kann.

Die **Service-Features**-Entscheidungen werden entsprechend der „Letzten-Meile"-Strategie beschränkt, ermöglicht und getroffen. Dabei geht es um die Ausgestaltung der Zustell- und Übergabe-Optionen am Zustellpunkt. Die Kundenorientierung und -zufriedenheit soll dabei einerseits Erlöspotentiale heben und andererseits zusätzliche Kosten durch missglückte, wiederholte Zustellversuche, Rücksendungen und Beschwerden reduzieren. Service Features können durch technische und prozessuale Innovationen auch mal schnell geändert werden, allerdings dauert es eine Weile bis sich das Distributionssystem und die Kunden auf Innovationen eingestellt haben und deren Erfolg überprüfbar wird.

Die taktische Auswahl von Subunternehmern in der **Fremdvergabe** und die **Dienstplanung** eigener und fremder Mitarbeiter sind ein Zuordnungsproblem von Touren, Transportaufträgen, Gebieten, Zustellpunkten zu den einzelnen

Arbeitskräften. Bei der Planung der Dienste sind gesetzliche Bestimmungen zur Lenk- und Arbeitszeit einzuhalten (vgl. Abschn. 3.1.1). Bei der Auswahl der Subunternehmer spielt einerseits Qualität eine wichtige Rolle, auf der anderen Seite werden auch die Kosten abgewogen. In der Literatur wird argumentiert, dass zuerst die Qualität und Leistungsfähigkeit stimmen müssen, bevor über den Preis gesprochen wird (Menon et al. 1998, S. 130). In der Praxis besteht ein sich verschärfendes Problem der Fahrerknappheit, sodass keine oder nur wenige Kandidaten überhaupt für eine Fremdvergabe verfügbar sind. Knappheit müsste in der makroökonomischen Theorie eigentlich zu steigenden Löhnen führen. Aktuell passiert das aber nicht, weil erstens Versender und Endkunden nur geringe Zahlungsbereitschaft für Logistikdienstleistungen haben, zweitens LSP immer häufiger gering qualifizierte Arbeitnehmer einsetzen, welche drittens einen Hang zur Selbstausbeutung haben. Die geringen buchhalterischen Qualifikationen der Subunternehmer führen zu einer schlechten Angebotskalkulation, in der die Kosten für eigene Arbeitskraft, administrative Tätigkeiten und Kapitalbindung oftmals gar nicht oder schlecht kalkuliert werden. Daher ist die Aussage, der Preis folge der Qualität, aktuell zu bezweifeln. Es ist abzusehen, dass der Gesetzgeber künftig Auftraggeber als Generalunternehmer stärker für das Handeln seiner Subunternehmer haftbar machen wird. Die Sorgfalt[1] und deren Dokumentation ist daher ein Kriterium steigender Relevanz bei der Auswahl von Subunternehmern.

4.3 Operative Entscheidungen

Das **Bestandsmanagement** überlegt, in welcher Höhe und wann bzw. wie oft ein bestandsführender Punkt, z. B. der BBP, bevorratet werden soll. Zu Modellen des Bestandsmanagements siehe Brabänder (2018b). Die Distributionsplanung legt taktisch fest, welche Volumina auf einem aggregierten Level verfügbar gemacht werden sollen. Dafür nutzt es mittelfristige Prognosen der Nachfrage und sorgt für ein passendes Angebot. Das Bestandsmanagement legt dann operativ fest, wie viel wirklich eingelagert oder bewegt werden soll. Ein weiteres Teilproblem

---

[1]Die unternehmerische Sorgfalt bei der Auswahl verlässlicher und sozial verantwortungsbewusster Subunternehmer ist wahrlich nicht nur in der Logistik eine Herausforderung. Es gibt in der Logistik Vorschläge, wie z. B. das BdKEP-Siegel *FairKEP*, welche potentiell geeignet sind, die eigene Sorgfalt zu dokumentieren (siehe auch Verkehrs Rundschau, Heft 12/2019, S. 8 und Heft 38/2014, S. 139).

ist die Zuordnung von Teilbeständen und Fehlmengen zu Kundenaufträgen. Das bedeutet, welche Kunden werden aus welchem Bestand beliefert und welche Kunden werden ggf. gar nicht beliefert, wenn es doch einmal zu einer Fehlmenge kommt. Hierfür schlägt Fischer (2001) vor, die Kriterien Timing, Priorität, Profitabilität eines Auftrags und Auftragshistorie zu verwenden.

Die **Lagerhaltung** beschäftigt sich im Gegensatz zum Bestandsmanagement mit den Prozessen in einem Lager. Das sind insbesondere Ein- und Auslagern, Kommissionieren, Umschlagen, Be- und Entladen von Fahrzeugen, Verpacken, Etikettieren, Nummerieren. Hierbei können durch die Optimierung des Lagerlayouts und der Eliminierung von Verschwendungen die Lagerhaltungskosten gesenkt werden, obwohl die Bestandsmenge gleichbleibt, lediglich die Prozesskosten können durch guten Personaleinsatz und Automatisierung gesenkt werden. Auch die Vorlaufzeit von Touren kann durch die Eliminierung von Leerlauf in der Konsolidierung reduziert werden, wodurch auch eine Bestandssenkung möglich ist. Durch gute Prozesse an der Rampe des Lagers können auch Wartezeiten im Transport reduziert werden. Das setzt wertvolle Zeit frei, die für die Zustellung genutzt werden kann.

Das **Routing** der Distributionsflotte besteht operativ darin, alle Transportbedarfe je einem Fahrzeug zuzuordnen und für das Fahrzeug dann eine Route zu planen, die erstens die Nebenbedingungen der Personaleinsatzzeit und zweitens der Fahrzeugkapazität und drittens weiterer regulatorischer und kundenorientierter Einschränkungen berücksichtigt. Die Planung von Tourgebieten nimmt das Teilproblem der Zuordnung vorweg. In der Literatur wird diese Entscheidung als Vehicle Routing Problem (VRP) behandelt (Golden und Assad 1988) und wurde vielfach erweitert und variiert. Auf der Letzten Meile sind dabei die Planung von Zeitfenstern, einer gemischten Flotte, Regulierungen und die Koordination eigener Fahrzeuge und der von Subunternehmern von besonderer Relevanz.

Operative Entscheidungen

- Auf der Letzten Meile werden unterschiedliche Entscheidungen getroffen, die hierarchisch nach ihrer Fristigkeit und den Teilprozessen der Letzten Meile systematisiert werden.
- Strategische Entscheidungen bilden ein Rahmenwerk, wie die physische Struktur und die langfristige Positionierung als Dienstleister auf der Letzten Meile.

- Taktische Entscheidungen bilden mittelfristige Pläne, die die Strategie umsetzen und den operativen Betrieb vorbereiten.
- Operative Entscheidungen sind der tägliche Betrieb, der die Verfügbarkeit von Konsumgütern für den Endkunden umsetzt.

5

Die Letzte Meile mit den ihr typischen Grundproblemen, allen voran das Problem hoher Stückkosten trotz hoher Effizienz, ist eine logistische Management-herausforderung ohne ein etabliertes Patentrezept. Dieses Kapitel zeigt sechs Gestaltungsfelder für die Letzte Meile auf, die mit unterschiedlichen Ideen aufwarten und kombiniert werden können (vgl. Tab. 5.1). Jedes Gestaltungsfeld stellt andere Gestaltungsobjekte in den Mittelpunkt und bedient sich auf der Suche nach Lösungen diverser Methoden und Perspektiven, insbesondere der Logistik, aber auch des SCM, des Marketings und des strategischen Managements.

5.1 Modellgestützte Optimierung

Modellgestützte Optimierung ist ein analytischer Ansatz, der einen Ent-scheidungsprozess mathematisch modelliert und dabei die zu verändernden Werte als Entscheidungsvariablen definiert. Das Operations-Research hat sich als Methodenbaukasten darauf spezialisiert, Modellierungsansätze und Lösungs-methoden weiterzuentwickeln. Diese sind heute weit ausgefeilter als die Anwendung in vielen Unternehmen. Entscheidungsunterstützungssysteme (EUS) sind Software-Produkte, die darauf spezialisiert sind, bestimmte Entscheidungs-probleme unter Einbeziehung verschiedener Datenquellen standardisiert mit den Methoden des OR zu lösen und somit den Entscheidungsprozess zu unterstützen.

Was sind solche **Modelle?** Ein Modell hat ein Paradigma und einen Zweck. Das Modell-Paradigma ist eine leitende Referenz, die einem modellierten Real-Welt Objekt eine Form im Modell gibt. Dabei handelt es sich um eine abstrakte Bildgebung: „Es ist so wie dieses Bild." Der Modell-Zweck bestimmt, welche Aspekte des vielseitigen Real-Welt Objekts für die Entscheidung relevant

C. Brabänder, *Die Letzte Meile*, essentials, https://doi.org/10.1007/978-3-658-29927-9_5

Tab. 5.1 Gestaltungsfelder für die Letzte Meile

Feld	Modellgestützte Optimierung	Struktur	Kosten- und Leistungsrechnung
Objekte	Flüsse als Entscheidungsvariablen • Aktivitäten • Losgrößen (Materialien) • Zuordnungen	• Prozessstruktur • Physische Struktur • Sendungsstruktur	• Tarife und Rabatte • Allokationsprotokoll
Idee	Verbessere die Variablenwerte einiger Flüsse mit der Zielfunktion Produktivität oder Kosten unter Beachtung von Nebenbedingungen	Gestalte die Struktur der Letzten Meile, indem die Anzahl und die Lage der Quellen, Relationen/Kanten und Senken verändert werden	Verbessere die Genauigkeit, Transparenz und Fairness der Kosten- und Leistungsrechnung, indem bessere Daten mit fortgeschrittenen Methoden erhoben und einbezogen werden
Feld	**Strategie: Industriestrukturen**	**Technologie: Innovation**	**Kooperation**
Objekte	• Angebotspalette • Zustelloptionen/Service Features • Rolle von LSPs	• Automatisierung • Elektrifizierung • Personal	• Horizontale und vertikale Beziehungen • Kooperative Planung • Daten Austausch und Anbindung
Idee	Finde und implementiere Logistikdienstleistungen, die große Margen haben und mache diese selbst	Investiere in und implementiere technische Innovationen und Ressourcen, welche gleichzeitig wirtschaftlich und ökologisch nachhaltig sind	Entwickle langfristige Kooperationen auf der Letzten Meile mit den Zielen Transparenz zu schaffen und kooperativ die Letzte Meile zu planen

sind und welche nicht. Bei der Modellierung werden relevante Aspekte des Objekts anhand des Paradigmas abgebildet und dabei alles Nicht-Relevante ausgeblendet. Das Ergebnis ist dann ein Modell, das eine formale, explizit regel-gebundene Abbildung eines Originals, welches informale, zufällige, „weiche", nicht relevante Aspekte aufweist (Morgan 2012). Die Modellierung schneidet aber nicht nur ab, sondern fügt auch sogenannte abundante Merkmale hinzu und bereichert das Abbild so um Aspekte, die im Original nicht erkennbar waren (Stachowiak 1973).

Beispiel

Distribution besteht aus einer Kette von Sortier- und Transportprozessen, aber auch noch einigen Kommunikations-, Warte-, und sozialen Prozessen. Die Modellierung der Distribution als Graph von Sortier-Knoten und Transport-Kanten reduziert die Distribution und fügt den BBP als abundantes Merkmal hinzu. Der BBP markiert einen Punkt in der Sortier-Transport-Kette, der diese in einen few-to-few und einen One-to-Many-Abschnitt unterteilt. Der BBP ist in einer reinen Prozesskette, einer Landkarte, oder im täglichen Ablauf kaum zu erkennen; die Modellierung ermöglicht das Erkennen des BBP.

Der Ansatz der modellgestützten Optimierung ist ein Gestaltungsfeld, das viel Potenzial in sich birgt, Entscheidungen auf der Letzten Meile analytisch zu unterstützten. Praktisch jede Entscheidung lässt sich modellieren, mit Daten füttern und automatisieren. Trotzdem sind Modelle erst einmal Vereinfachungen und sogar falsch. Box et al. (2005) bringen es auf den Punkt: Alle Modelle sind falsch; einige Modelle sind hilfreich. Der Nutzen von Modellen besteht darin, dass sie über relevante Aspekte einer Entscheidung gute Aussagen machen können, andere Aspekte aber gänzlich ignorieren. Die abundanten Merkmale bereichern den Erkenntnisgewinn aus Modellen weiter. Dass Modelle falsch sind, heißt daher zweierlei: Erstens sind sie nicht absolut falsch, sondern einfach nur nicht umfassend richtig. Zweitens sind Modellaussagen mit Sachverstand zu beurteilen, denn sie liefern eine Entscheidungsunterstützung, keinen Entscheidungsersatz.

Für Entscheidungen, die sehr oft und vergleichbar ablaufen, existieren viele Software-Spezialisten, die dieses Gestaltungsfeld bearbeiten. Typische Entscheidungen, die auf der Letzten Meile modellgestützt optimiert werden, sind: Standorte, Routing, Rahmentourenplanung, Personaleinsatzpläne, Auswahl von Dienstleistern und Subunternehmern, Bestandsführung, Auswahl von Investitionsalternativen und die Fehlmengenallokation.

5.2   Struktur: Prozess-, Sendungs- und physische Struktur

Das Gestaltungsfeld Struktur folgt der Idee, das Distributionsnetz selbst und die Prozesse in diesem Netz zu verbessern. Eine Änderung des **physischen Netzwerks** ist eine strategische Entscheidung, die mithilfe des Supply Chain Managements kettenweit geplant werden muss, weil die Struktur der Letzten Meile nicht vom Rest der Wertschöpfung isoliert betrachtet werden darf. Die Lieferkette muss die Letzte Meile effizient erreichen und dafür muss diese an das Netzwerk der FTL Hauptläufe günstig angebunden sein.

> **Beispiel**
>
> Eine Allianz aus regional agierenden Paket-Dienstleistern beliefert ganz Deutschland in einem Hub&Spoke-Netzwerk. Im Netzwerk werden die regional eingesammelten Sendungen zu einem zentral gelegenen Hub in der Nähe von Fulda gefahren, umgeschlagen und regional wieder verteilt. Die Hauptläufe werden dabei mit großen Linienfahrzeugen gefahren und die Sammel- und Verteilfahrten mit kleinen Kastenwägen, wie z. B. dem Sprinter. Bei der Umladung von den Linienfahrzeugen auf die Verteilfahrzeuge geht viel Zeit verloren, weil die Linienfahrzeuge gleichzeitig und verkehrsbedingt auch alle gleich-spät ankommen. Die Allianz etablierte deshalb einen zweiten Hub in Süddeutschland, welcher nur von den süddeutschen Partnern der Allianz angefahren wird (Stuttgart, Frankfurt, Nürnberg, Augsburg, Regensburg etc.). Dieser zusätzliche Hub hatte sofort zwei positive Effekte:
>
> - Linienfahrzeuge vom neuen Hub konnten früher zurückfahren, sodass die Linienfahrzeuge in zwei Wellen statt alle auf einmal umgeschlagen werden müssen. Dadurch konnten Wartezeiten in den Regionen reduziert werden und Verteilfahrzeuge im Schnitt jeden Tag einige Minuten früher starten.
> - Die Linienfahrzeuge mussten nicht alle bis nach Fulda fahren, sodass jeden Tag ein Linienfahrzeug pro Region in Süddeutschland rund 200 km weniger im Hauptlauf fahren musste.
>
> Durch einen strukturellen Eingriff in die Hauptläufe konnte die Allianz so Zeit für die „Letzte-Meile"-Distribution gewinnen.

Die Gestaltung der physischen Struktur wird in aller Regel von Modellen unterstützt, um besonders wichtige Variablen, wie die Koordinaten von Standorten, zu optimieren.

Logistik als konsequente Flussorientierung betrachtet **Prozesse.** Strukturelle Änderungen der Prozess-Landkarte der Letzten Meile können Leerlauf reduzieren, Schnittstellen beschleunigen und Wiederholungen, z. B. mehrfaches Scannen und Etikettieren eines Packstücks, eliminieren.

Marketing generiert, fördert und akquiriert Nachfrage. Die gezielte Akquisition von „guter" Nachfrage kann die **Sendungsstruktur** positiv beeinflussen, indem „gute" Sendungen Touren und Stopps der Letzten Meile verdichten und Fahrzeuge auslasten. Beispielsweise ist es ratsam viele Versender aus denselben Branchen zu akquirieren, weil diese vermutlich an ähnliche Empfänger versenden.

5.3 Kosten- und Leistungsrechnung

Die Sendungstarife müssen sich essenziell an den Kosten der Leistungserstellung, sprich den Stückkosten einer Sendung, orientieren. Hierfür ist es notwendig, Sendungskosten kalkulieren zu können und teure von günstigen Sendungen unterscheiden zu können. Eine exakte Kalkulation vereinzelter, individueller Sendungen wird dabei aufgrund der Kuppelproduktion bei Touren, Unterschiedlichkeit von Allokationsprotokollen und täglichen Schwankungen nie unbestreitbar aufschlüsseln können. Ersetzt man aber ordentliche Kostenrechnung durch Mittelwerte und vertriebsorientierte Mengenrabatte, verhindert man eine verursachensgerechte Abrechnung, Transparenz und entzieht dem Vertrieb jegliche Argumentationsgrundlage, um auch einmal steigende Tarife durchzusetzen.

Bei der Leistungsrechnung müssen **Tariftabellen** gebildet werden, die für Versender Transparenz und Vergleichbarkeit schaffen und in der Anwendung einfach sind, also in gewisser Weise einen angemessenen Mittelwert in der Preispolitik darstellen. Daher muss es das Anliegen der Kosten- und Leistungsrechnung auf der Letzten Meile sein, Tariftabellen so zu gestalten, dass einerseits die Kosten in jeder Zelle der Tabelle gedeckt werden und dies überprüfbar rechenbar ist. Es spricht nichts dagegen unterschiedliche Tariftabellen für unterschiedliche Versender, Empfangsregionen und Branchen aufzustellen. Diese sind dann anhand der spezifischen anfallenden Kosten der Leistungserstellung zu differenzieren.

Beispiel

Basierend auf einer Erhebung von Navigationsdaten in verschiedenen Metropolregionen in Deutschland kann nachgewiesen werden, dass die durchschnittliche Fahrgeschwindigkeit regional unterschiedlich ist. Gründe sind dabei die Straßenführung, Regulierungen, Belastung mit Stau und Hindernisse wie Flüsse und Altstädte. Diese regional spezifischen Faktoren lassen sich als Infrastruktur zusammenfassen. Berechnet man die Zustellkosten in mehreren Regionen zum Vergleich, ergeben höhere Geschwindigkeiten folglich niedrigere Sendungskosten und vice versa. Es lässt sich feststellen, dass die Sendungskosten auf der Letzten Meile in Köln deutlich teurer sind als in Regensburg oder Hamburg (Kellner et al. 2017). Daher wäre es empfehlenswert, einen Zuschlag für Sendungen in besonders teure Regionen zu erheben und andererseits einen Rabatt für Sendungen in besonders günstige Regionen zu gewähren.

Tarife können spezifische Mengenrabatte ausweisen. Mengenrabatte sind genau dann sinnvoll, wenn dem Sendungsvolumen auch Einsparungen gegenüberstehen. Diese Einsparungen werden meistens in der Abholung und im Hauptlauf erzielt. Erfahrungsgemäß sind die vom Vertrieb gewährten Mengenrabatte aber zu groß, weil weniger als 10 % der Kosten eingespart werden, da Abholung und Hauptlauf ohnehin hochgradig gebündelt sind. Folglich sollten Rabatte für Sendungsmengen gewährt werden, die einen nachweisbaren Beitrag zur Tour- und Stoppverdichtung (Abschn. 3.2) leisten.

5.4   Strategie: Industriestrukturen

Der **marktorientierte** Strategieansatz geht auf Porter (2008, S. 24 ff.) zurück. Die Idee ist, Kombinationen aus a) Dienstleistungen, ihren Merkmalen und Zustelloptionen und b) Industriestrukturen zu finden, die supra-normale Renditen bieten. Die strategische Position eines LSP fußt somit auf den Fragen a) was wird angeboten und b) für wen? Juga et al. (2008) schlagen vier Positionen eines LSP vor, die sich mit dem „Was?" und dem „Für Wen?" unterscheiden lassen:
Abb. 5.1 stellt die Positionen Generalist, Service-Spezialist, Industrie-Spezialist und Service-Entwickler vor, macht aber keine Wertung, welche dieser Rollen supra-normale Renditen verspricht. Dies kommt wiederum auf die Industriestrukturen an, welche mit dem klassischen „five-forces-model" von Porter (2008) analysiert werden sollen. Der besondere Wert der Matrix in Abb. 5.1 besteht in der Orientierung, die LSPs bekommen, in welche Richtung sie sich entwickeln können.

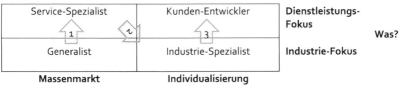

Abb. 5.1 Strategische Positionen eines LSP

Beispiel

1. Der Generalist „*trans.mass*", der Transportdienstleistungen für einen Massenmarkt anbietet, wird mit einer Nachfrage konfrontiert temperatur-geführte Transporte, einen speziellen Service, anzubieten. Die strategische Entscheidung lautet also, ob der Spezialservice langfristige bessere Renditen abwerfen wird als der allgemeine Transportservice und sich folg-lich die Investitionen in Kühlfahrzeuge lohnen werden.

2. *trans.mass* wird ein Service-Spezialist und transportiert diverse Temperatur-geführte Produkte wie Lebensmittel, Pharmazeutika, Labor-proben. Aufgrund der ausgezeichneten Expertise gelingt es *trans.mass*, zunehmend mehr Labore, Krankenhäuser, Hausärzte, Veterinäre und Universitäten als Kunden zu akquirieren und *trans.mass* überlegt nun, sich auf die Branche Wissenschaft und Labore zu spezialisieren, ein Industrie-Spezialist zu werden. In dieser Branche ist es notwendig wie ein Express-Dienstleister den Nachtsprung anzubieten und sich nach gehobenen Standards der *Good Distribution Practices*[1] zertifizieren zu lassen. Diese Service Features sind teuer und es lohnt sich nicht Lebens-mittel zu diesen Bedingungen zu transportieren.

3. Nachdem *trans.mass* einige Jahre als Industrie-Spezialist Transporte erfolgreich durchführt, tritt eine Genossenschaft von Pferdezüchtern mit der Anfrage an *trans.mass* heran, einen speziellen Transportservice zu entwickeln, bei dem mit speziellen Transportbehältern Kurierfahrten für

---

[1]Die EU Kommission hat 2013 in den „*Good Distribution Practice of medicinal products for human use*" die Mindeststandards für Großhändler und ihre Auftragnehmer im Bereich Pharmazeutika geregelt.

Pferdespermien mit auf 0,5 C° genauer Temperaturführung über Nacht europaweit durchgeführt werden können. Es stellt sich daher die Frage, ob *trans.mass* in die Position eines Kunden-Entwicklers wechseln sollte. Dies bedeutet, sich eng an die Pferdezüchter zu binden und auch hohe Beziehungs-spezifische Investitionen zu tätigen.

5.5   Technologie: Innovation

Ein anderer Ansatz ist die Investition, Adaption und Implementierung technischer Innovationen. Der **ressourcenorientierte Ansatz** geht davon aus, dass der Zugang zu überlegenen Ressourcen der Grund für supra-normale Renditen ist (Barney 1991). Technische Innovationen ermöglichen das Erreichen von Zielen, die ohne Zugang zu diesen innovativen Ressourcen nicht möglich gewesen wären. Die Anpassung der Daten, Systeme, Organisation und Prozesse an diese Ressourcen hebt die Einsparungspotentiale, die in Innovation stecken. Innovationen können aber auch Erlöspotentiale generieren, indem Zustelloptionen und individuelle Serviceangebote für Kunden neu angeboten werden können. Ein Beispiel sind Zustellprozesse in Abwesenheit des Kunden mithilfe von Paketboxen und smarten Türschlössern.

Die **Automatisierung** von Prozessen im BBP, z. B. die Sortierung von Sendungen auf die Fahrzeuge, oder von Transport-Prozessen, z. B. dynamische Routen-Anpassung oder die Regulierung von Temperatur, spart Zeit ein. Prozesse, die grundsätzlich automatisierbar sind, erzielen oftmals durch die Automatisierung große Einsparungen, weil zwar die Bereitschaftskosten durch höhere Investitionen steigen, aber die anteilsmäßig viel größeren Personalkosten sinken. Schröder et al. (2018) attestieren genau aus diesem Grund autonomen Lieferfahrzeugen langfristig das größte Einsparpotenzial von bis zu 40 %, weil den mehr als verdoppelten Bereitschaftskosten Einsparungen beim Personal von weit über 50 % gegenüberstehen.

Mobile Kommunikationstechnologie kann dazu beitragen sowohl Kosten zu senken als auch Erlöse zu steigern, indem mit Kunden Zustellfenster vereinbart werden, Sendungen mobil zugestellt oder neu-adressiert werden. Das vermeidet erfolglose Zustellversuche und ist ein wahrnehmbar umfangreicher Service.

Elektrifizierung der Flotte trägt dazu bei, die Emissionen der Letzten Meile dort, wo gefahren wird, zu reduzieren. Auch werden die Lärmemissionen bei Nachtzustellungen verringert und Zugangsbeschränkungen für Diesel-Fahrzeuge gelöst. Die technische Reichweite von Elektroantrieben erreicht aktuell nur 160–200 km, was aber nicht zwingend das Aus für diese Technologie bedeutet.

Pearre et al. (2011) kommen zu dem Ergebnis, dass dennoch ein Drittel aller Verteiltouren so geplant werden können, dass diese Reichweite ausreicht. Die Anwendbarkeit einer elektrifizierten Flotte ist daher auf städtischen Touren für kleine Sendungen mit einer sehr hohen Dichte beschränkt. Dennoch führt der Elektroantrieb auch in der City-Logistik nur zu geringfügigen Einsparungen gegenüber dem konventionellen Diesel-Antrieb. Der Grund ist, dass der Anteil der Letzten Meile an den Stückkosten hier ohnehin schon vergleichsweise effizient ist und die distanz-abhängigen Betriebskosten einen Anteil von nur rund 10 % haben. Neben den Diesel-Einsparungen sind Subventionen und Steuer-Vergünstigungen als positiv zu werten. Die Ladevorgänge müssen in die Umlaufplanung einbezogen werden. Das verhindert, dass ein Elektrofahrzeug in zwei aufeinander folgenden Schichten eingesetzt werden kann. Ein Ausbau der Ladeinfrastruktur könnte eine Vielzahl von Anwendungen für eine Elektroflotte attraktiv machen: Wenn in einem neuen Prozessmodell die Ladevorgänge gleichzeitig mit den Dienstleistungen (Entladen, Zustellen, Installation, Beratung, Abrechnung) erfolgen, würde dies die Reichweite der Touren signifikant erhöhen. Beispielhafte Anwendungen könnten die Belieferung von Baustellen, die Auslieferung von SMCG oder Handwerkertouren sein.

5.6 Kooperationen

Das SCM gestaltet kettenweit die Zusammenarbeit zwischen Organisationen. Der **beziehungsorientierte Ansatz** sieht in guten Kooperationen die Quelle von supra-normalen Renditen (Dyer und Singh 1998). Das bedeutet, die Akteure können auf der Letzten Meile erfolgreicher werden, indem sie sich gute Partner suchen und mit ihnen vertrauensvolle Kooperationen bei gegenseitiger Abhängigkeit aufbauen (Ganesan 1994). Ziel ist es, zu einer kooperativen Planung der Prozesse und der Schnittstellen zwischen Organisationen zu kommen. Die Voraussetzung effizienter Kooperationen sind insbesondere gemeinsame Daten-Standards und ein routinierter Datenaustausch. Es werden horizontale, vertikale und diagonale Kooperationen unterschieden:

Horizontal: Unternehmen, die ein vergleichbares Angebot auf derselben Stufe der Lieferkette anbieten, kooperieren, z. B. Mars und Ferrero oder Rewe und Penny.

Vertikal: Unternehmen, die auf der Lieferkette sequentiell nacheinander ihren Beitrag leisten, kooperieren, z. B. Dachser und Haribo.

Diagonal: Unternehmen, die weder horizontal noch vertikal zueinanderstehen, kooperieren, z. B. Rewe und PayPal oder Lidl und die Deutsche Bahn.

Um die Probleme der Letzten Meile zu überwinden, sind besonders horizontale und vertikale Kooperationen geeignet.

Vertikale Kooperationen sind nützlich, um „Reibungsverluste" an den Schnittstellen, insbesondere den Rampen, zu eliminieren. Das kann z. B. durch frühzeitige Avisierung, Datenaustausch, gemeinsame Artikelstammdaten, Anliefer- und Abholkonzepte oder gemeinsame geplante Sonderaktionen gelingen. Auch die Einbindung des LSP in die In-Store-Logistik, das bedeutet ab Rampe bis ins Regal, hilft, die letzten Meter zügig zu überwinden. Gemeinsame Planung von KEP und Handel bei Sonderaktionen wie versandkostenfreiem Bestellen oder dem *Cyber-Monday* hilft dem Dienstleister Kapazitäten an die Schwankung der Tonnage anzupassen.

Horizontale Kooperationen sind nützlich, wenn Unternehmen zueinander komplementäre Angebote machen und durch ihre gemeinsame Angebotsgestaltung einen Mehrwert für gemeinsame Kunden erbringen. Ein Beispiel sind Allianzen von regional agierenden Stückgut-Speditionen. Jede einzelne kann kein nationales oder europäisches Transportnetz für die Fläche anbieten, weil dies eine große Anzahl von Terminals benötigt. Gemeinsam kann man sich aber das Liefergebiet, z. B. Deutschland, aufteilen und so gemeinsam den nationalen Stückgut-Dienst anbieten. Die resultierende gegenseitige Abhängigkeit trägt zur Stabilität solcher Kooperationen bei. Weil Sendungen nicht ganz symmetrisch ausgetauscht werden, sind Transferpreise nötig, um die entstehenden Kosten eines Kooperationspartners mit den anderen fair und transparent zu teilen.

Ein Spezialfall ist die sogenannte **City-Logistik,** in der LSP mit Händlern und Kommunen kooperieren. Dieses Konzept vereint Aspekte horizontaler, vertikaler und diagonaler Kooperation. Die Idee ist es, einen Hub (engl. *urban consolidation centre*) im Speckgürtel der Stadt einzurichten und alle LSP liefern ihre Sendungen dort an einem City-LSP ab, der sie dann gebündelt in die Stadt fährt. Davon verspricht man sich eine Entlastung der Innenstadt, generell weniger Verkehr („dass die Fußgängerzone wieder den Fußgängern gehört"[2]), Kosten- und Emissionsvorteile durch Bündelung und erhöhte Lieferqualität durch angepasste Services und Beachtung lokaler Besonderheiten. In der Vergangenheit sind City-Logistik Umsetzungen nicht gelungen, wie z. B. das Projekt *RegLog* in Regensburg. Hier haben sieben Speditionen kooperiert mit Unterstützung von Stadt, Universität, IHK und BMW und dennoch wurde das Projekt 2012 eingestellt. Es ist in der Kooperation nicht gelungen, gegenseitige Interessen

---

[2]Magistrat der Stadt Bad Hersfeld, https://www.bad-hersfeld.de/newsletter/1278.

auszugleichen und ohne Subventionen wirtschaftlich zu agieren. Typische City-Logistik-Probleme, die nur in vertrauensvollen, gegenseitig abhängigen Kooperationen gelöst werden können, sind die Fixkosten des zusätzlichen Hubs und die Prozesskosten des zusätzlichen Umschlags, das Verhindern von Rosinen-Picken und die Einbindung von „Schrott" Sendungen (siehe Abschn. 2.4.1), eine Koordinierung des City-Tarifs und den Tarifen der einspeisenden Speditionen, die Koordination von Sendungsbündeln in unterschiedlichen Temperaturklassen, die Klärung der Schlüsselgewalt bei quittungslosen B2B Sendungen.

Gestaltungsfelder

- Die Gestaltungsfelder auf der Letzten Meile bedienen sich verschiedener Management-Ansätze aus den betriebswirtschaftlichen Teildisziplinen. Hier werden sechs Anstöße gegeben.
- Der modellgestützte und der strukturelle Ansatz planen quantitativ und versuchen optimale Variablenwerte für die Gestaltung der Letzten Meile zu finden.
- Der kostenrechnerische Ansatz strebt nach Transparenz der einzelnen Kostenpositionen, sodass Entscheidungen auf besserer Grundlage getroffen werden.
- Die Ansätze Strategie, Technologie und Kooperationen bedienen sich klassischer Management-Ansätze: 1) der marktorientierte Ansatz nach Porter 2) der ressourcenorientierte Ansatz nach Barney und 3) der beziehungsorientierte Ansatz nach Dyer und Singh.

Was Sie aus diesem *essential* mitnehmen können

- Die Letzte Meile bezeichnet die Distanz zwischen dem Break-Bulk-Point und vielen Zustellpunkten in One-to-Many- Verteilprozessen. Die geografische Distanz wird durch Transportprozesse, die institutionale Distanz durch Übergabeprozesse mit Kundenintegration und die zeitliche Distanz durch Teilprozesse der Konsolidierung im Lager überbrückt.
- „Letzte-Meile"-Situationen lassen sich anhand der handelnden Akteure (Hersteller, LSP, Handel) und der Arten belieferter Zustellpunkte (Brick&Mortar, Abholstation, Heimlieferung) klassifizieren. Die Klassen zeichnen sich durch unterschiedliche Bündelungspotentiale, Anzahl Stopps je Tour, Kosten je Stopp, Involvierung der Kunden und Rollen der eingesetzten LSP aus.
- Die Letzte Meile ist tatsächlich eine sehr teure Meile. Große Tour- und Stoppverdichtung kann dem entgegenwirken. Andererseits wirken einschränkende Tour-Nebenbedingungen, atomisierte Sendungsstrukturen, geringe mittlere Fahrgeschwindigkeiten, weite Anfahrten und lange Service-Zeiten verteuernd auf die Letzte Meile.
- Auf der Letzten Meile gibt es spannende Gestaltungsfelder für Entscheider aus der Praxis und Wissenschaftler aus der Forschung. Das Problem der Letzten Meile kann man auf den Feldern der Optimierung, der Systemtheorie, der internen Buchführung, der Unternehmensstrategie, der Technologie und auch der interorganisationalen Kooperation angehen.

© Der/die Herausgeber bzw. der/die Autor(en), exklusiv lizenziert durch Springer Fachmedien Wiesbaden GmbH, ein Teil von Springer Nature 2020
C. Brabänder, *Die Letzte Meile,* essentials,
https://doi.org/10.1007/978-3-658-29927-9

Zum Weiterlesen

Zum vertiefenden Studium aus Sicht der Distributionslogistik auf die Letzte Meile, ist das Buch „Logistische Netzwerke" von Bretzke (2008) empfehlenswert. Bretzke stellt insbesondere den zentralen Trade-Off zwischen Bündelung und Sortierprozessen in der Gestaltung von Distributionsnetzwerken heraus.

Verschiedene Gestaltungsformen der Bündelung werden von Rouque und Vauché (2015) beschrieben. Hier stehen Formen der Zusammenarbeit zur Erhöhung der Bündelungspotentiale im Vordergrund.

Leser mit konkretem Interesse an der Distribution von FMCG finden bei Otto et al. (2018) im Buchbeitrag „Konsumgüterdistribution" nicht nur Gestaltungsoptionen, sondern auch konkrete Beispiele und Zahlen der Konsumgüterdistribution in Deutschland. Brabänder und Braun (2020) diskutieren die Kosten von Letzte Meile Touren und deren Zuordnung zu Sendungen, mit besonderem Augenmerk auf die Verdichtung durch neu hinzukommende Versender.

Daganzo führt in seinen Beiträgen zur systemischen Netzwerkgestaltung eine technisch-mathematische Argumentation. Sein Beitrag „The Break-Bulk Role of Terminals in Many-to-Many Logistic Networks" (1987) ist dabei sehr praxisnah und lesenswert.

Die Service-Merkmale der Letzten Meile können bei Schögel (2012) „Distributionsmanagement" vertieft werden. Ein überaus lesenswerter Beitrag zum Service-Gedanken ist der fast schon klassische Aufsatz „Tailored logistics: The next advantage" von Fuller et al. (1993). Die Autoren beschreiben die Gestaltung der Dienstleistung „Verfügbar-Machen" einer Sache als Wettbewerbsvorteil durch Logistik.

C. Brabänder, *Die Letzte Meile,* essentials, https://doi.org/10.1007/978-3-658-29927-9

Vollständige Literaturverweise

Brabänder C, Braun M (2020) Bringing economies of integration into the costing of groupage freight. J Revenue Pricing Manag. https://doi.org/10.1057/s41272-020-00237-3

Bretzke W-R (2008) Logistische Netzwerke. Springer, Berlin

Daganzo CF (1987) The break-bulk role of terminals in many-to-many logistic networks. Oper Res 35(4):543–555. DOI: 10.1287/opre.35.4.543

Fuller JB, O'Conor J, Rawlinson R (1993) Tailored logistics: the next advantage. Harv Bus Rev 71(3):87–98

Otto A, Lukesch M, Brabänder C, Kellner F (2018) Konsumgüterdistribution. In: Corsten H, Gössinger R, Spengler TS (Hrsg) Handbuch Produktions- und Logistikmanagement in Wertschöpfungsnetzwerken. De Gruyter, Berlin, S 737–758

Rouquet A, Vauché L (2015) A typology of logistics pooling in supply chains. Supply Chain Forum: Int J 16(2):2–12. https://doi.org/10.1080/16258312.2015.11673825.

Schögel M (2012) Distributionsmanagement. Das Management der Absatzkanäle. Vahlen (Vahlens Handbücher der Wirtschafts- und Sozialwissenschaften), München

Literatur

Ahlert D (2005) Distributionspolitik. Das Management des Absatzkanals. Fischer, Stuttgart

Barney J (1991) Firm resources and sustained competitive advantage. J Manage 17(1):99–120

Box GEP, Hunter JS, Hunter WG (2005) Statistics for experimenters. Design, innovation, and discovery. Wiley, Hoboken

Brabänder C (2018a) Distribution districting – the case of in-night express services. J Serv Manage Res 2(4):33–49

Brabänder C (2018b) Stochastisches Bestandsmanagement. Grundmodelle für Betriebswirte. Springer Fachmedien Wiesbaden, Wiesbaden

Bretzke W-R (1989) To buy or not to buy. Kriterien für die richtige Entscheidung zwischen Selbsterstellung und Fremdbezug logistischer Leistungen. Int Verkehrswesen 41(6):389–395

Chen C, Pan S (2016) Using the crowd of taxis to last mile delivery in E-Commerce: a methodological research. In: Borangiu T, Trentesaux D, Thomas A, McFarlane D (Hrsg) Service orientation in holonic and multi-agent manufacturing. Springer International Publishing. Cham, S 61–70.

Daganzo CF (1987) The break-bulk role of terminals in many-to-many logistic networks. Oper Res 35(4):543–555

Das Ende der kostenlosen Haustür-Paketzustellung naht (2019) Oliver Wyman-Analyse „Letzte Meile 2028". München

Doty DH, Glick WH (1994) Typologies as a unique form of theory building: toward improved understanding and modeling. Acad Manage Rev 19(2):230

Dyer JH, Singh H (1998) The relational view: cooperative strategy and sources of interorganizational competitive advantage. Acad Manage Rev 23(4):660–679

Edwards JB, McKinnon AC, Cullinane SL (2010) Comparative analysis of the carbon footprints of conventional and online retailing. Int J Phys Distrib Logistics Manage 40(1/2):103–123

Fischer ME (2001) „Available-to-promise": Aufgaben und Verfahren im Rahmen des supply chain management

Fuller JB, O'Conor J, Rawlinson R (1993) Tailored logistics: the next advantage. Harv Bus Rev 71(3):87–98

© Der/die Herausgeber bzw. der/die Autor(en), exklusiv lizenziert durch Springer Fachmedien Wiesbaden GmbH, ein Teil von Springer Nature 2020
C. Brabänder, *Die Letzte Meile, essentials,*
https://doi.org/10.1007/978-3-658-29927-9

Ganesan S (1994) Determinants of long-term orientation in buyer-seller relationships. J Mark 58(2):1–19

Golden BL, Assad AA (Hrsg) (1988) Vehicle routing. Methods and studies. Amsterdam, S 479

Gov.uk (2018) Greenhouse gas reporting: conversion factors. https://www.gov.uk/government/publications/greenhouse-gas-reporting-conversion-factors-2018. Zugegriffen: 21. März 2019

Hall RW (1991) Route selection on freight networks with weight and volume constraints. Transp Res Part B: Methodolo 25(4):175–189

Hotz A, Fost M (2016) Die „Amazonisierung" des Konsums – game-Changer Amazon. In: Schallmo D, Rusnjak A, Anzengruber J, Werani T, Jünger M (Hrsg) Digitale Transformation von Geschäftsmodellen: Grundlagen, Instrumente und Best Practices. Springer Science and Business Media; Springer Gabler. Wiesbaden, S 669–696

Jafari H, Nyberg A, Hilletofth P (2016) Postponement and logistics flexibility in retailing A multiple case study from Sweden. Ind Manage & Data Syst 116(3):445–465

Juga J, Pekkarinen S, Kilpala H (2008) Strategic positioning of logistics service providers. Int J Logistics Res Appl 11(6):443–455

Kellner F, Lukesch M (2019) Logistik nachhaltig gestalten: Die Bestimmung von CO_2-Emissionen im Straßengütertransport. In: Pradel U-H, Süssenguth W, Piontek J (Hrsg) Praxishandbuch Logistik. Erfolgreiche Logistik in Industrie, Handel und Dienstleistungsunternehmen. Fachverlag Deutscher Wirtschaftsdienst, Köln

Kellner F, Otto A, Brabänder C (2017) Bringing infrastructure into pricing in road freight transportation – a measuring concept based on navigation service data. Transp Res Proc 25:794–805

KEP-Studie 2018 – analyse des Marktes in Deutschland (2018)

Koether R (2018) Distributionslogistik. Effiziente Absicherung der Lieferfähigkeit. Springer Gabler, Wiesbaden

Kuhn H, Holzapfel A, Ostermeier M (2018) Handelslogistik. In: Corsten H, Gössinger R, Spengler TS, Corsten H, Gössinger R, Spengler TS (Hrsg) Handbuch Produktions- und Logistikmanagement in Wertschöpfungsnetzwerken. De Gruyter, Berlin, S 716–736

Larke R, Kilgour M, O'Connor H (2018) Build touchpoints and they will come: transitioning to omnichannel retailing. Int J Phys Distrib Logistics Manage 48(4):465–483

Lastauto Omnibus-Katalog (2018) Motorbuch. Stuttgart, 2017

Lee HL, Whang S (2001) Winning the last mile of e-commerce. MIT Sloan Manage Rev 42(4):54–62

Menon MK, McGinnis MA, Ackerman KB (1998) Selection criteria for providers of third-party logistics services: an exploratory study. J Bus Logistics 19(1):121–137

Morgan MS (2012) The world in the model. How economists work and think. Cambridge University Press, Cambridge

Müller S, Klaus P (2009) More expensive or too expensive? Calculating delivery costs in Europe. In: Shariatmadari R, Schoppengerd FJ, Otto A (Hrsg) Direct store delivery. Springer, Berlin, S 145–160

Otto A, Lukesch M, Brabänder C, Kellner F(2018) Konsumgüterdistribution. In: Corsten H, Gössinger R, Spengler TS (Hrsg) Handbuch Produktions- und Logistikmanagement in Wertschöpfungsnetzwerken. De Gruyter, Berlin, S 737–758

Pagh JD, Cooper MC (1998) Supply chain postponement and speculation strategies. How to choose the right strategy. J Bus Logistics 19(2):13–33

Pearre NS, Kempton W, Guensler RL, Elango VV (2011) Electric vehicles: How much range is required for a day's driving? Transp Res Part C: Emerg Technol 19(6):1171–1184

Porter ME (2008) Wettbewerbsstrategie. Methoden zur Analyse von Branchen und Konkurrenten. Campus, Frankfurt a. M.

Raffée H (1974) Betriebswirtschaftslehre im Grundstudium der Wirtschaftswissenschaft. Vandenhoeck & Ruprecht, Göttingen

Rouquet A, Vauché L (2015) A typology of logistics pooling in supply chains. Supply Chain Forum: Int J 16(2):2–12

Schögel M (2012) Distributionsmanagement. Das Management der Absatzkanäle. Vahlen, München

Schröder J, Heid B, Neuhaus F, Kässer M, Klink C, Tatomir S (2018) Fast forwarding last-mile delivery. Zugegriffen: 2. April 2019

Stachowiak H (1973) Allgemeine Modelltheorie. Springer, Wien

Stüber E, Heinick H, Leyendecker, C (2018) Amazonisierung des Konsums. Köln

Thommen J-P, Achleitner A-K (2006) Allgemeine Betriebswirtschaftslehre. Umfassende Einführung aus managementorientierter Sicht. Gabler, Wiesbaden

Vakulenko Y, Hellström D, Hjort K (2018) What's in the parcel locker? Exploring customer value in e-commerce last mile delivery. J Bus Res 88:421–427

Wittenbrink P (2012) Transportkostenmanagement im Straßengüterverkehr. Grundlagen – Optimierungspotenziale – green Logistics. Gabler, Wiesbaden

Printed in the United States
By Bookmasters